Für meinen geliebten "Chauffeur"

Amerikaverrückt

Mit dem Wohnmobil von Chicago nach Las Vegas

Ein vergnüglicher Reisebericht und
praktischer Ratgeber von

Petra Berneker

Bibliografische Information der Deutschen Nationalbibliothek:
Die Deutsche Nationalbibliothek verzeichnet diese Publikation in der Deutschen Nationalbiblio-
grafie; detaillierte bibliografische Daten sind im
Internet über http://dnb.d-nb.de abrufbar.

Fotos: Claus und Petra Berneker

Herstellung und Verlag: BoD – Books on De-
mand, Norderstedt

ISBN: 978-3-73228-149-7

Inhaltsverzeichnis

Vorwort

Einmal mit einem Wohnmobil quer durch Amerika - das war schon lange unser Traum.
Doch lange Jahre ließ sich dieser Traum nicht verwirklichen. Und dann lief es uns über den Weg, dieses absolut fantastische "all inclusive"-Angebot einer Überführungsfahrt eines brandneuen Wohnmobils von Chicago nach Las Vegas.
Wir stürzten uns in die Planung, regelten (vermeintlich) jede Kleinigkeit und standen dann im März 2012 mit klopfenden Herzen am Flughafen in Frankfurt - das Abenteuer, von dem dieses Buch berichtet, konnte beginnen.

Doch wohin mit den vielen Hinweisen, Tipps und Anleitungen oder auch weiterführenden Informationen, die wir gesammelt haben und die uns hilfreich erscheinen, ohne den Reisebericht zu überladen? Dies alles finden Sie am Ende eines jeden Kapitels unter diesem Zeichen:

Und im Schlusskapitel habe ich für Sie zusätzlich viel Wissenswertes zusammengestellt: weiterführende Informationen zum Reisen mit dem Wohnmobil in den USA, besondere Hinweise für Überführungsfahrten, einige Checklisten, Literaturhinweise und Internet-Tipps.

Begleiten Sie uns nun auf unserer Reise und entdecken Sie mit uns ein wunderschönes Land, welches uns immer faszinieren wird, erleben Sie Freiheit und Abenteuer und was so passieren kann, wenn ein Traum auf die Realität trifft.
Und dabei aber immer traumhaft bleibt!

Hochheim, im Oktober 2013

Petra Berneker

1. Gottes Hilfe auf dem Weg zum Flughafen

Unser Urlaub beginnt diesmal mit einer Zeitumstellung der besonderen Art, es ist nämlich zusätzlich noch Zeitumstellung auf Sommerzeit (wenn man Ende März seinen Urlaub plant, kann das schon mal passieren). Also ist es eigentlich erst 5.30 Uhr, als wir uns zu Hause aus dem Bett quälen. Nach einem kurzen Frühstück bringe ich unserer Nachbarin noch die letzten Reste aus unserem Kühlschrank rüber (wegen der frühen Morgenstunde stelle ich sie einfach vor die Tür).

Dann kommt auch schon das vorbestellte Taxi. (Da wir nicht allzu weit vom Flughafen entfernt wohnen, machen wir den Transfer seit Jahren mit einem Taxi von ein- und demselben Unternehmen. Dieses bietet einen Festpreis an, der günstiger ist als die Parkgebühr am Flughafen.) Diesmal haben wir leider nicht unseren schon gewohnten Pakistani als Fahrer, was bedeutet, dass es keinen Religionsunterricht auf der Fahrt zum Flughafen gibt. Schade, wir vermissen die Diskussionen über fremde Kulturen als Einstimmung auf unseren Urlaub ein wenig. Dabei könnten wir bei diesem Fahrer Gottes Hilfe so gut gebrauchen, schon nach nicht einmal 100 m hätten wir beinahe einen Unfall. Der ältere Herr scheint etwas desorientiert und versucht, das Auto unserer Nachbarn um den Außenspiegel zu erleichtern. Fast hätte ihm mein Mann Claus ins Lenkrad gegriffen. Dann fahren wir auch noch über die "falsche" Autobahnanschlussstelle nach Frankfurt. Gut, dass heute Sonntag ist und somit wenig Verkehr. Er ist der erste Taxifahrer, der diesen und nicht den gewohnten "Schleichweg" nimmt, seitdem wir den Taxiservice benutzen. Auch seine Fahrtechnik lässt zu wünschen übrig: durchgezogene Linien, Autos von rechts, Blinker setzen, was schert es ihn. Diese Fahrt bestätigt auf eindrucksvolle Weise den Satz, dass das Gefährlichste am Fliegen die Fahrt zum Flughafen ist. Als wir ankommen und unsere Koffer ausladen, kann es sich mein Mann nicht verkneifen, den Herrn zu fragen, ob er denn den Weg zurück alleine findet.

Dann kämpfen wir mit dem Check-in. Es wird für uns Fluggäste immer komplizierter. Jetzt müssen wir schon selber am Schalter einchecken, was aber dann doch noch einmal kontrolliert wird. Doch was soll's. Ich kämpfe erst einmal mit der Postleitzahl, dem ZIP-Code, von Rosemont (unser Hotel, obwohl ein Flughafenhotel für Chicago O'Hare, liegt nicht in Chicago, sondern im Vorort Rosemont und hat deswegen eine andere Postleitzahl). Dabei bin ich nicht so schnell mit dem Herausholen der Anschrift, obwohl ich doch meine, alles griffbereit zu haben. Danach kämpfen wir mit unserer Buchungsnummer (die ersten drei Versuche sind falsche Nummern, was an der unterschiedlichen Begrifflichkeit liegt: Reservierungsnummer, Buchungsnummer, Bestätigungsnummer, Reisenummer, Flugnummer - was denn nun?).

Als Belohnung dürfen wir uns dann in eine schier endlose Schlange am Baggage-drop-off einreihen. Doch es ist wie immer: Wenn man genügend Zeit hat, geht es meist ganz schnell. Und die Dame am Schalter ist auch sehr nett. Der erste Koffer wandert aufs Band - 25 kg (2 kg zu viel!!!)! Das kann nicht sein. Doch die Dame am Schalter beruhigt mich sofort, die Waage muss sich erst einpendeln. Sie pendelt bis 22 kg, ich kann das "P" für Panik im Auge wieder abschalten. Der zweite Koffer hat 20 kg. Na bitte, geht doch (1.1). Koffer sind also weg, wir machen uns auf den Weg zum Gate "Z". Das ist uns neu. Der Zugang fängt dort an, wo es früher zur Aussichtsterrasse ging. Wir laufen und laufen und laufen. Ich bin der Meinung, Frankfurt ist der sportlichste Flughafen der Welt. Dann Zollkontrolle, danach Security. Diesmal piepst der Scanner nicht nur bei Claus, auch ich werde persönlich abgetastet, meine Jeans hat drei Metallknöpfe zu viel. Außerdem muss ich die Hufe heben und meine Schuhsohlen begutachten lassen. Bei Claus gestaltet sich die Anweisung zur Schuhuntersuchung etwas problematisch: Bitte rechten Schuh anheben, bitte linken Schuh anheben, ok. Und jetzt beide! (Nachdenken - Komiker am Werk!)

Fertig - denken wir. Doch es kommt noch ein Checkpoint. Vergleich der Pässe mit den Bordkarten. Hinter uns macht sich Panik breit - offensichtlich geht noch ein Flug vor unserem und die Zeit scheint langsam knapp zu werden für einige Passagiere. Wir lassen bereitwillig vor, wer vor möchte, ein Ehepaar mit Kindern und eine junge Dame, die dann allerdings im gleichen Flieger sitzt wie wir. Dann sorgt auch noch der Schalterbeamte für grenzenlose Verwirrung, denn er beordert alle Passagiere von United Airlines nach vorne. Einige behalten aber die Nerven und fragen sich, warum sie nach vorne kommen sollen, wenn ihr Flieger erst in drei Stunden geht.

Und dann hiken wir wieder. Gate Z25 ist tatsächlich das letzte Gate an diesem Flugsteig. Also schnell noch auf die Toilette, denn genau in diesem Moment beginnt das Boarding. Ich muss so schnell werden, dass ich in der Hektik sogar vergesse, meine leere Plastikflasche mit Trinkwasser aufzufüllen (warum habe ich sie eigentlich mitgebracht?) (1.2).

Mariechen hat einen Sonderplatz auf unserem Flug nach Chicago

Claus hat sehr gute Plätze ausgesucht. Wir sitzen fast ganz hinten, genau da, wo die Dreierreihen enden und nur noch zwei Plätze nebeneinander sind – mit schön viel Platz zur Seite! So hat Mariechen, mein kleiner Plüsch-Marienkäfer-Glücksbringer, sogar einen eigenen Haken am Vordersitz und wir viel Platz neben uns zum Fenster hin. Da kann ich mein ganzes Handgepäck hinstellen.

Wir starten um 11 Uhr, die Flugzeit beträgt 8 Std. 30 Min.

Als erstes gibt es Getränke und Salzbrezeln. Ich stelle fest, dass Nüsse auch der Vergangenheit angehören (wahrscheinlich sind sie zu teuer). Zwischen England und Irland gibt es feuchte Tücher (Ich mag den Service der Lufthansa - da haben wir schon ganz andere Dinge erlebt!). Der Flug geht gefühlt relativ schnell vorbei. Claus schläft die meiste Zeit und ich sehe mir die Filme an. Den zweiten Film sehen wir gar nicht mehr bis zum Ende, dann ist es auch schon Zeit für die Landung.

Alles in allem ein sehr angenehmer Flug mit gutem Essen, mittags gibt es Hähnchen mit Reis oder Cajun vegetarisch, zum Abendessen Pizza. Claus isst meine mit und findet sie gut.

Wir brauchen dann eine Weile, um auszusteigen, denn unsere Sitze sind ja ganz hinten gewesen. Dies würde uns nicht weiter stören, wenn es nicht zur Folge hätte, dass die Schlange beim Immigration Officer vor uns recht lang ist, und es dauert mal wieder (45 Minuten). Wir sind ein wenig genervt, obwohl wir keinen Anschlussflug haben. In der Warteschlange identifiziere ich Reisende, die Unterlagen von "unserer" Reisegesellschaft in der Hand haben. Das soll uns später noch von Nutzen sein. Unsere Koffer kommen dann schnell, aber das Hotelshuttle zum Holiday Inn Express braucht fast eine Stunde. Das macht uns aber wenig aus, denn draußen scheint die Sonne und es ist angenehm warm. So können wir uns nach dem langen Flug ein wenig die Beine vertreten.

An der Hotelrezeption liegt natürlich keine Nachricht von Road Bear, unserem Wohnmobil-Vermieter. Und die Dame an der Rezeption weiß von nichts. (Da wir die Organisation ganz alleine erledigt haben, habe ich nur ordnungsgemäß, wie gefordert, die Anmeldung für die Abholung am Hotel ausgefüllt und an unseren Vermieter geschickt. Leider habe ich aber keine Bestätigung für meine Mail bekommen. Dass ich mir die Telefonnummer für Rückfragen notiert habe, nützt uns auch nichts, denn am Sonntag wird hier auch nicht gearbeitet.) (1.3)

Doch ich habe beobachtet, dass die Mitreisenden mit den Unterlagen von Road Bear, die ich in der Warteschlange beim Immigration Officer gesichtet habe, in ein Shuttle vom Best Western gestiegen sind, und dieses Hotel liegt gleich neben unserem. Also machen wir, nachdem wir unser Zimmer bezogen haben, eine kleine Wanderung zum Best Western. Da es hier keinen Fußweg gibt, ist der Begriff "Wanderung" nicht zu hoch gegriffen - wir übersteigen Bordsteinkanten, durchqueren einen Abwassergraben (Gott sei Dank leer) und laufen quer über eine Straße. Im Best Western angekommen, erfahren wir an der Rezeption, dass der Bus morgen früh um 6 Uhr kommen soll. Darauf können wir uns einrichten.

Da wir Chicago schon gut kennen - meine Tante hat hier jahrelang gewohnt und wir haben sie öfter besucht -, haben wir für den Rest des Tages keine weiteren Pläne (1.4).

Gegenüber ist ein McDonald's, gerade gut für ein verfrühtes Abendessen. Wir sitzen noch eine Weile bei einem Kaffee und planen die Reise, dann kommt die Müdigkeit ganz schnell und wir gehen ins Bett.

1.1

Momentan (Stand Oktober 2013) beträgt die Gewichtsobergrenze für das Freigepäck bei Flügen in die USA bei den meisten Airlines 23 kg (das entspricht ungefähr 50 amerikanischen Pfund) für ein (!) Gepäckstück pro Person. Sie sollten sich aber auf jeden Fall vorher bei Ihrer Airline über die Gepäckbestimmungen informieren.

Wir nehmen so wenig Gepäck wie möglich mit und versuchen, einen zusätzlichen Koffer in einem unserer beiden Koffer unterzubringen - deshalb war der erste Koffer beim Wiegen auch schwerer als der zweite. Schließlich möchten wir in den USA auch noch ein wenig einkaufen - und glauben Sie mir, Sie werden mehr finden, als Sie glauben. Manchmal ist es günstiger, schon im Voraus die Gebühr für einen dritten Koffer für den Rückflug zu buchen.

Wenn wir am Baggage-drop-off stehen, denke ich immer mit Wehmut an die Zeiten zurück, als man als Reisender noch zwei (!) Gepäckstücke à 32 kg (!) mitnehmen durfte, anno domini 1987.

1.2

Da ich wegen der trockenen Luft im Flugzeug viel trinke, habe ich immer eine Plastikflasche dabei, die ich nach dem Sicherheitscheck auffülle. Manchmal erspart mir dies auch das Aufscheuchen von Nachbarn im Flugzeug oder das Klingeln nach der Flugbegleiterin.

1.3

Wie Sie sicher schon gemerkt haben, reisen wir nicht das erste Mal in die USA. Deshalb habe ich die gesamte Reisebuchung alleine gemacht. Dies hat aus meiner Sicht finanzielle Vorteile und bietet eine höhere Flexibilität. Dieses Vorgehen ist allerdings nicht unbedingt in der deutschen Hauptreisezeit zu empfehlen - wir sind in der glücklichen Lage, sehr flexibel unseren Urlaub nehmen zu können - und wir reisen ohne Kinder.

Bedenken muss man bei einer Wohnmobilbuchung unbedingt, dass die erste Nacht vor Übernahme des Wohnmobils in den USA verbracht werden muss. Dies ist aus versicherungstechnischen Gründen zwingend vorgeschrieben. Wenn man genug Zeit und Lust und keinen Non-Stop-Flug hat, kann man diese Vorschrift aber auch positiv umsetzen. So haben wir z. B. schon einmal einen sehr günstigen Flug von Frankfurt nach Denver bekommen, weil wir einen Zwischenaufenthalt für die Übernachtung in Chicago genutzt haben.

Für die Flugbuchungen und Flugpreisvergleiche benutze ich meistens die Internetseiten von www.swoodoo.de oder www.idealo.de (natürlich ist auch jede andere Preisvergleichsmaschine zielführend). Die Wohnmobile kann man meiner Erfahrung nach gut über www.camperboerse.de, www.trans-amerika-reisen.de oder www.canusa.de buchen. Wer sich aber nicht sicher ist, kann auch alles bei einem Reisebüro, egal, ob im Internet oder vor Ort, buchen. In diesem Fall hätte dann an der Hotelrezeption sicher ein brauner Umschlag mit den Abholungszeiten von Road Bear gelegen. Aber was wäre ein Urlaub ohne ein wenig Nervenkitzel?

1.4

Noch ein kleiner Tipp:
Wer, wie wir in diesem Urlaub, recht früh am Zielort in Chicago ist und sich noch fit fühlt, kann sich auf einen kleinen Ausflugstrip begeben. Mit dem Flughafenshuttle kann man wieder kostenlos zum Flughafen fahren und von dort aus mit der CTA Blue Line in die Innenstadt von Chicago gelangen. Diese Linie verkehrt 24 Std. am Tag und Züge fahren alle 8 Minuten (nähere Informationen findet man auf der Internetseite von www.ohare-airport.org).

2. Das 33-Feet-Riesending

Der Wecker hat seine Aufgabe erfüllt und pünktlich um 5 Uhr geklingelt und wir sind auch relativ gut ausgeschlafen. Aufstehen, letzte Sachen zusammenpacken, dann machen wir uns auf den Weg zur Rezeption, um auszuchecken. Es ist noch nicht ganz 6 Uhr, aber zu unserer Freude steht eine Dame von Road Bear schon an der Rezeption bereit, draußen wartet der Bus auf uns. Wir sind doch einigermaßen erleichtert, dass uns die Wanderung zum Best Western, noch dazu mit unseren Koffern, erspart bleibt. Ich kann gerade noch vom noch nicht ganz aufgebauten Frühstücksbuffet zwei Tetrapacks mit Orangensaft und einen Muffin retten, damit wir wenigstens etwas in den Magen bekommen. Wir steigen dann ein und fahren die Hotels an, in denen noch weitere Reisende warten, also das Best Western und danach das Quality Inn. Dort lernen wir, wie breit und wie hoch unser Bus ist. Die Dame am Steuer ist diesen Weg offensichtlich noch nicht gefahren. Beim Umrunden des Hotels stehen wir plötzlich vor dem Eingangsportal und müssen dieses unterqueren, um wieder auf die Straße zu gelangen, denn an Wenden ist nicht zu denken. Also muss ein Mitreisender aussteigen, um uns durch das Empfangsportal des Hotels zu winken. Auf der Interstate geht es nun Richtung Middlebury. (In Middlebury liegt die Wohnmobilfabrik von Road Bear. Die Stadt ist ca. 145 Meilen von Chicago O'Hare entfernt, was in etwa einer Fahrzeit von zweieinhalb Stunden entspricht.) Erst einmal fahren wir eine ganze Weile durch Chicago, sehen aus der Ferne die Silhouette der Innenstadt, dann entern wir Flachland.

Wir unterhalten uns mit den Mitreisenden, soweit sie schon ausgeschlafen haben. Einige sind Wiederholungstäter (will sagen, sie haben schon öfter eine Überführungsfahrt gemacht), andere sind genauso neu wie wir, was Überführungsfahrten angeht. Mit dem Ehepaar in der Reihe vor uns tauschen wir Tipps für die erste Übernachtungsmöglichkeit aus. Wir wollen in den Indiana Dunes State Park am Lake Michigan (2.1).

Die Wohnmobile in den unterschiedlichen Größen warten in Middlebury auf ihre neuen Fahrer

In Middlebury steigen wir aus und stellen unsere Koffer im strahlenden Sonnenschein vor dem Büro ab (2.2). Dann sehen wir uns einer Flotte von Wohnmobilen gegenüber. Mir rutscht ein wenig das Herz in die Hose ob der Länge dieser Ungetüme. Nach einigem Hin und Her entschließe ich mich aber, Claus zuzutrauen, dass er das 33-Feet-Riesending – immerhin gut 10 m (!) lang - doch bewegen kann (2.3) und wir begeben uns auf die entsprechende Einweisungstour. Unser rollendes Heim liegt auf einem 4500-Ford-Chassis und hat zwei sogenannte Slide-outs, eines im Wohnbereich und ein zweites im Schlafzimmer.

Anschließend erhalten wir noch eine Einweisung im Büro mittels einer Diashow, die uns allerdings nichts Neues verrät (schließlich hat mein Mann, wie immer, die den Buchungspapieren beiliegenden Hinweise für die Handhabung eines Wohnmobils auswendig gelernt. Er ist da sehr sorgfältig - ich drücke lieber probeweise auf alle möglichen Knöpfe). Diese Einweisung ist aber wohl versicherungsrechtlich notwendig. So gegen 13.30 Uhr sind wir dann fertig und fahren vom Hof. Die Mitarbeiter waren alle sehr nett und freundlich und haben sich wirklich nach besten Kräften bemüht, die Wünsche der Kunden zu erfüllen. Unser Magen erinnert uns nun daran, dass wir kein Frühstück hatten. Für die Verpflegung bin ab sofort ich zuständig. Wir fahren also zum "Essenhaus". Dieses Restaurant, betrieben von Amish, habe ich auf der Internetseite von Middlebury entdeckt. Es gefällt uns sehr gut. Die Atmosphäre ist ausgesprochen gemütlich und das Buffet auch sehr gut. Wir bummeln nach dem Essen noch durch das angeschlossene Geschäft, kaufen aber nur noch ein paar Kekse, für alles andere sind wir zu satt. Nun geht es nach Elkhard. Dort haben wir im Voraus einen Walmart ausgemacht, unsere bevorzugte Supermarktkette für den ersten Einkauf (2.4). Wir kaufen groß ein: Bier, Cola, Sierra Mist, Wasser, Chips, Cereals, Marmelade, Grill, Charcoal - Grundnahrungsmittel eben. So langsam macht sich eine gewisse Müdigkeit bemerkbar, wir vergessen beinah, Kaffee zu kaufen.
Nun geht es auf einer Toll Road, also mautpflichtig, in Richtung Chicago. Dabei prellt sich Claus noch eine Rippe beim Bezahlen, weil er sich so weit aus dem Fenster lehnen muss, um das Geld einzuwerfen (2.5). Im State Park suchen wir eine Stelle, an der wir bezahlen können, aber das Office ist schon zu, also fahren wir weiter zum Campground. Dort treffen wir auf den Ranger, suchen uns weisungsgemäß eine

Campsite aus und folgen ihm dann zum Ausgang, wo wir bezahlen.

Die Skyline von Chicago über dem Lake Michigan, vom Indiana Dunes State Park aus gesehen

Im Vorbeifahren haben wir den Lake Michigan gesehen. Das muss natürlich näher erforscht werden. Wir parken am Strand, keine Menschenseele außer uns ist da - und uns wird auch schnell klar, warum. Es ist saukalt, der Wind pfeift uns ins Gesicht, und selbst in unseren Winterjacken und mit Schal und Mütze ist kein längerer Aufenthalt möglich.
Aber die Aussicht ist so toll. Über den Wellen thront auf der anderen Seite des Sees die Skyline von Chicago, einfach traumhaft. Die untergehende Sonne lässt den Lake Michigan silberfarben schimmern und die Möwen segeln durch die glasklare Luft.
Wir fahren dann aber doch relativ schnell zu unserer Campsite, packen noch ein wenig aus (2.6), machen die Betten und fallen dann ohne Essen todmüde in dieselben. Wir schlafen auch sofort ein. Draußen sinken die Temperaturen auf 2°C (drinnen sind es kuschelige 6°C), aber immerhin sind noch Plusgrade - und im Bett ist es warm.

2.1

Es ist aus meiner Sicht zweckmäßig, sich schon im Voraus über mögliche Übernachtungsmöglichkeiten auf einem Campground zu informieren, zumindest für die erste Nacht im Wohnmobil. Nach der langen Flugreise und der Übernahme des Wohnmobils vor Ort kommt die Müdigkeit am zweiten Abend meist recht schnell. Da ist es hilfreich, wenn zumindest das Navigationsgerät weiß, wo es hingeht. Seit 2007 können auch staatliche Campingplätze reserviert werden. Aber nicht alle Campingplätze kann man vorreservieren, manche funktionieren auf der Basis "first come - first serve" (frühes Kommen sichert gute Plätze). Eine Liste der Campgrounds mit den Reservierungsmodalitäten in den National Parks finden Sie unter nps.gov. In der Nebensaison ist eine Reservierung nicht unbedingt erforderlich, es sei denn, es handelt sich um vielbesuchte Campingplätze z. B. am Grand Canyon. Eine Liste privater Campgrounds findet man im Internet z. B. unter www.koa.com (Kampgrounds of America). Oder googeln Sie einfach unter "Campingplätze in USA".

2.2

Bei der Übernahme des Wohnmobils in Middlebury hat uns ein Mitarbeiter erzählt, dass wir mit dem Wetter ausgesprochenes Glück haben. Es ist für die Jahreszeit eigentlich viel zu warm. Im letzten Jahr fand die Übergabe wohl im Tiefschnee statt. Daher kann es sinnvoll sein, bei der Routenplanung eventuell für die ersten Nächte, bis man in wärmeren Gefilden ist, eine Hotelübernachtung einzuplanen. Wir sind nicht kälteempfindlich, aber die Wohnmobil dürfen bei Frostgraden nicht mit Wasser befüllt werden, da die Leitungen einfrieren könnten. Im Klartext - Sie haben kein Wasser zum Kochen, zum Waschen und für die Toilettenspülung. Die Wohnmobile sind gegen Frostschäden nicht versichert. Auftretende Schäden müssen selber bezahlt werden. Eine Hotelübernachtung scheint mir da die preisgünstigere und bequemere Alternative zu sein.

2.3

Die Kategorie der Wohnmobile hatten wir schon bei der Buchung festgelegt. Allerdings ist es bei Überführungsfahrten möglich, dass man nicht die gewünschte Größe bekommt. Wir hatten die Kategorie 27 - 30 Feet angegeben - bekommen haben wir ein 33-Feet-Wohnmobil, was uns aber in keiner Weise gestört hat. Die Mitarbeiter vor Ort haben sich nach besten Kräften bemüht, alle Wünsche der Kunden nach größeren oder auch kleineren Wohnmobilen zu erfüllen.

2.4

Eine Liste von Walmarts findet man im Internet unter www.walmart.com - Storefinder. Dies kann sehr hilfreich sein. Bitte achten Sie darauf, dass es unterschiedliche Arten von Walmarts gibt, es wird unterschieden in Store, Neighborhood Market Store oder Supercenter Store. Wir bevorzugen den Supercenter Store, weil man hier wirklich alles finden kann.
Auch eine Einkaufsliste, die man zu Hause schon mal in aller Ruhe erstellen kann, erleichtert den ersten Einkauf erheblich, denn die Geschäfte sind sehr groß, und wenn man etwas vergessen hat, bedeutet dies häufig eine ziemlich lange Wanderung durch die Regalreihen. Einige Ketten (z. B. safeway) haben Kun-

denkarten, mit denen man viele Lebensmittel günstiger bekommt. Diese kann man am Customer Service am Eingang kostenlos erhalten. Man muss dazu kein Bürger der USA oder Kanadas sein, man bekommt nur einen Anmeldezettel zum Ausfüllen. Tragen Sie hier einfach nur ein, was Sie erkennen ("First Name", "Last Name", "City" etc. - den Mitarbeitern kommt es nicht auf die Richtigkeit ihrer Angaben an, sondern nur darauf, dass in der entsprechenden Zeile etwas steht! Alles klar?!!) Die Kundenkarten sind übrigens schon beim ersten Einkauf einsetzbar. Also einfach nur fragen!

2.5

Wenn Sie das erste Mal in den USA sind, sollten Sie sich vor Reiseantritt, spätestens aber am Flughafen des Zielortes eine kleine Menge Münzgeld besorgen. In der Regel reichen für den Anfang 2 - 3 US $ in Quarters (25-Cent-Münzen). Fragen Sie vielleicht mal im Bekanntenkreis herum, dies ist häufig einfacher, als sich Münzgeld in der Bank zu besorgen. Münzen können Sie sowohl für den Gepäckwagen am Flughafen als auch bei möglichen Toll Roads (wie in unserem Fall) einsetzen. Vorsicht, nicht an allen Interstate-Abfahrten sind Kassenhäuschen, in denen freundliche Menschen Geld wechseln können. Wenn Sie unterwegs sind, lassen sich die Quarters auch gut auf den Campgrounds für die Laundry (Waschmaschine und Trockner) benutzen. Übrigens habe ich in unserem ersten Urlaub bei einer Bank für einige Verwirrung gesorgt, als ich Geldscheine in Quarters umtauschen wollte. Meine Übersetzung (in Unkenntnis der gebräuchlichen Bezeichnung "Quarter") von "Twentyfive-Cent-Coins" sorgte für fragende Gesichter und ein Herbeirufen des Filialleiters.

2.6

Wenn Sie auf einer Überführungsfahrt sind, müssen Sie Ihre Koffer mitnehmen. Je nach Größe des Wohnmobils kann das Unterbringen der Koffer mangels Stauraum ein Problem werden. Bei unserem "Riesending" war dies allerdings nicht der Fall.
In unserem Wohnmobil waren die Schränke nicht sehr funktionell eingerichtet. Es gab zu viel Hängefläche in den Schränken (Tipp: Fragen Sie bei der Übernahme nach Kleiderbügeln - "hangers", damit lassen sich viele Kleidungsstücke platzsparender unterbringen, auch wenn Sie zu Hause ihre T-Shirts nicht unbedingt auf Bügel hängen), dafür aber wenig Ablageflächen in Regalen oder Schubladen. (Vgl. Kapitel 24).

3. Fahrt durch Illinois

Wir haben erstaunlich gut geschlafen. Nach dem Aufstehen sortieren wir noch ein wenig unsere Sachen, und danach gibt es das erste Frühstück. Dann zieht es uns noch einmal an den Strand. Heute Morgen scheint die Sonne, alles sieht viel freundlicher aus, aber es ist noch immer ziemlich kalt. Doch wir machen ein paar schöne Fotos.

Wir beschließen, nun doch erst einmal Richtung Chicago zu fahren und das AAA-Büro zu suchen (3.1). Der Umweg scheint vertretbar zu sein. Wir fahren also auf der Interstate in Richtung Westen. Der Weg kommt uns von gestern einigermaßen bekannt vor. Wir finden das Büro auch ganz gut, das Parken in der Nähe ist kein Problem. Nachdem wir uns mit Karten eingedeckt haben, sehen wir nebenan noch einen 99-Cent-Store (3.2). Dort kaufen wir noch ein paar Kleinigkeiten ein.

An der Interstate-Zufahrt entdecken wir einen "Best Buy"-Store (Elektrogeräte u.ä.) (3.3). Da er so schön erreichbar aussieht, fahren wir ihn an und gehen auf die Suche. Claus hat einen Zettel in der Hand, auf dem die Daten für seinen aktuellen Wunsch stehen, ein neues Stativ. Wir finden nach einigem Suchen auch die Fotoabteilung, und dort gibt es ganze drei Stative, die zur Wahl stehen - und, oh Wunder, eines davon ist das gesuchte. Wir überlegen nicht lange und kaufen es (es soll sich im weiteren Verlauf des Urlaubs noch richtig bewähren). Doch nun geht es endlich Richtung Memphis auf die Interstate 57 South. Wir entdecken rechts und links des Weges einen Haufen Getreidesilos und recht viele Wassertürme, die die kleinen Gemeinden anzeigen. Wir können noch nicht ahnen, dass dies für einen Großteil der Strecke durch Illinois die einzige Unterhaltung werden wird. Das Autoradio haben wir ausgeschaltet, der Wagen ist einfach zu laut. Wenn wir Musik hören wollten, müssten wir die Lautsprecher auf volle Leistung stellen (3.4).

Da wir noch nicht ganz ausgestattet sind, war das Frühstück heute Morgen nicht so üppig, also ist es kein Wunder, dass wir nach knapp zwei Stunden Fahrtzeit langsam Hunger bekommen. Außerdem ist es schon fast 14 Uhr. Rettung bringt ein Cracker Barrel (3.5) in Champaign. Dazu müssen wir die Interstate wechseln und ein Stück Richtung Indianapolis fahren. Aber der Umweg lohnt sich, das Essen ist gut wie immer, der anschließende Einkaufsbummel natürlich unvermeidbar. Wir kaufen ein paar Kleinigkeiten wie eine CD und einen Becher.

Dann geht es wieder zurück auf die 57. Doch so sehr weit kommen wir nicht, bevor wir schon wieder abbiegen müssen. Tanken ist angesagt.

Unser Tank ist mittlerweile ziemlich leer. Also entscheiden wir uns für die nächste Tankstelle. Der Weg bis nach Arcola, unserem nächsten planmäßigen Stopp erscheint uns zu risikoreich (zu weit für unseren Tank) (3.6). Nach dem Tanken wollen wir uns allerdings den kleinen Ort doch wie geplant ansehen. Also die nächste Ausfahrt wieder runter von der Interstate und rein nach Arcola. Der Ort ist recht nett, er zeigt uns ein paar Getreidesilos, ein paar schöne kleine Häuschen, einen Bahnübergang (wichtig für meinen Mann, denn der ist ausgewiesener Eisenbahnfan) und eine kleine Amishkutsche. Wir machen ein paar Fotos und fahren weiter. Die Landschaft ändert sich nicht, flache Felder, ein paar Getreidesilos, ein paar Kühe. Vor uns Interstate, neben uns Trucks. Die Karte verrät mir, dass in ca. 120 Meilen (also ca. zwei Stunden

Fahrzeit) ein State Park ist. Wir entschließen uns, dort heute die Nacht zu verbringen.

Gegen 18 Uhr erreichen wir den Wayne Fitzgerrell State Park.

Zuerst fahren wir über eine Straße, die durch einen See zu führen scheint, rechts und links von uns erstrecken sich große Wasserflächen, dann erreichen wir den Parkeingang. Als erstes bemerken wir ein paar Rehe am Straßenrand. Hinweisschilder führen uns zum Campground. Wir finden allerdings kein Office, wo wir bezahlen könnten. Doch unsere Suche bleibt nicht unbemerkt. Nette Camper erklären uns, dass wir uns einfach einen Platz suchen sollen, der Ranger käme dann am nächsten Morgen zum Kassieren (oder auch nicht) (3.7).

Wir suchen uns den schönsten Platz direkt am Wasser. Tischdecke raus, Stativ aufbauen, Fotos machen. Uuuuurlaub!!! Claus kommt mit den Nachbarn ins Gespräch. So kommen wir auch noch zu einem kostenlosen Abendessen. Unsere Nachbarn haben gegrillt und es sind noch reichlich Hamburger übrig. Die bieten sie uns an, gleich mit der Warnung, sie seien "spicy" (sind sie aber nicht). Wir unterhalten uns noch ein wenig mit dem Ehepaar aus Chicago, die auf dem Rückweg von ihrer "Überwinterung" im Süden sind.

Als die Sonne untergeht, gehen wir ins Bett. Mittlerweile fühlen wir uns schon richtig heimisch in unserem Häuschen auf Rädern.

3.1

Das AAA ist das Gegenstück zum hiesigen ADAC oder ACE. Man bekommt dort gegen Vorlage des deutschen Mitgliedsausweises Landkarten und anderes Infomaterial, wie z. B. Campbooks mit einer Aufstellung von Campingplätzen oder Travelbooks der einzelnen Bundesstaaten - kostenlos. Außerdem haben wir dort schon Reiseutensilien wie z. B. Adapter und Rucksäcke gekauft. Man findet eine Fülle von weiteren Informationen, z. B. über die Lage der Büros, die aktuellen Tankpreise und Verkehrsrichtlinien im Internet unter aaa.com. Die Geschäftsstellen liegen in der Regel recht verkehrsgünstig. Aus unserer Sicht hat sich ein Abstecher immer gelohnt.

3.2

99-Cent-Stores sind überall zu finden. Sie bieten eine gute Möglichkeit, die Inneneinrichtung des Wohnmobils, falls gewünscht, zu ergänzen. Wir mögen z. B. keine Plastikbecher und kaufen deshalb gerne ein paar Gläser. Manchmal kann man hier auch günstig Souvenirs erstehen.

3.3

Best Buy ist ein Elektronikkaufhaus. Dort gibt es alles vom Blueray-Player (den man zugegebenermaßen im Wohnmobil nicht wirklich braucht) über Navigationsgeräte (falls man keines mitgemietet oder aus Deutschland mitgebracht hat) bis zu Fotozubehör. Übrigens - wir haben uns vor einigen Jahren ein TOMTOM Navigationsgerät für 99 $ bei Walmart gekauft, was uns heute noch gute Dienste leistet. Preise kann man auch von Deutschland aus schon auf den Internetseiten vergleichen. Wir konnten unser Navigationsgerät nicht von zu Hause mitbringen, da es in unserem Auto fest installiert ist.

3.4

Die meisten Wohnmobile und Mietwagen verfügen über ein Satellitenradio, Sirius. Damit kann man fast überall in den USA Musiksender empfangen. Wenn Sie lange unterwegs sind, werden Sie allerdings feststellen, dass sich die Stücke wiederholen - aber ist dies in Deutschland nicht auch so?! Etwas Abwechslung kann die eine oder andere CD bringen, die Sie sicherlich unterwegs erstehen werden.

3.5

Cracker Barrel („Stammtisch") ist unsere Lieblings-Restaurantkette, die weit verbreitet ist (meist in größeren Städten). Es handelt sich dabei um einen sogenannten "Country Store". Der Weg in das Restaurant, in dem landestypische Küche serviert wird, führt durch einen Verkaufsraum, der uns immer magisch anzieht. Wir haben dort schon alles Mögliche (und Unmögliche) gekauft, angefangen von Dekorationsartikeln zu Weihnachten, Ostern oder Halloween über T-Shirts und Becher, Kekse und Süßigkeiten (homemade) bis zu Country-CDs. Sie finden die Restaurants unter www.cracker-barrel.com - Locations & Hours.

3.6

Auch wenn wir uns hier (noch) nicht in abgelegenen Gegenden befinden, wir tanken vorsichtshalber mit dem Wohnmobil immer frühzeitig. Wir sind noch nicht so "familiar" mit der Tankanzeige und dem Verbrauch unserer "Kiste", um genau abschätzen zu können, wie weit der Tank noch reicht. Und mit dem Wohnmobil liegen bleiben wollen wir wirklich nicht. Leuchtet erst einmal das große "E" (für empty) auf der Anzeige, leuchtet bei mir meist das große "P" (für Panik) im Auge.

3.7

In der Nebensaison kommt es schon mal vor, dass kein Ranger oder Camp Host auf dem Campground ist, der kassiert. Wir haben uns trotzdem immer bemüht, eine Möglichkeit zu finden, unsere Site zu bezahlen. Auf keinen Fall sollte man "die Zeche prellen". Die Einnahmen dienen schließlich dem Unterhalt der Campgrounds, und die wollen wir doch auch in Zukunft genießen.

4. Einkaufen und Liquor Stores

Einer der ganz großen Vorteile bei einem Urlaub in einem Wohnmobil ist das Aufwachen am Morgen in freier Natur. Blick über den See - noch keine Sonne, aber halt, was ist das? Der See ist schwarz - warum? Vögel, jede Menge Vögel. Ich bin schnell genug, es gelingt mir, meine Kamera in Schussposition zu bringen. Und dann hebt der ganze Schwarm ab, einfach unglaublich.

Doch so schön der Tag beginnt, er geht leider nicht so weiter. Es folgt das Desaster mit den Eiern. Ich hatte die Hoffnung, dass sich die zum Wohnmobil gehörenden Pfannen in den letzten 12 Jahren verbessert haben - ein Trugschluss. Die Eier brennen an, es dauert ziemlich lange, bis ich die Pfanne wieder sauber habe (4.1). Gut, erweitern wir mal wieder unsere Einkaufsliste.

Aber das Frühstück ist trotzdem gut. So gestärkt sehen wir auch die Tatsache ganz gelassen, dass uns der Ranger doch noch gefunden hat. Claus bezahlt die Platzmiete von 20 $ (jeden Cent wert) und wir machen uns auf den Weg.

Eigentlich hat TOMTOM ja eine Liste von Walmarts eingebaut, aber die wechseln schneller ihren Standort, als TOMTOM gucken (navigieren) kann. Auch als wir diesmal von der Interstate abfahren, landen wir vor einem leeren Geschäft. Hier war mal ein Walmart. Nun gut, tanken wir eben erst einmal. Die Tankstelle ist einigermaßen günstig: Sam's Club. Wir realisieren erst nach dem Wenden, dass man diesen Preis nur bekommt, wenn man Clubmitglied ist, was wir eindeutig nicht sind. Aber Claus musste sowieso aussteigen und um Freischaltung der Säule bitten - und die Dame an der Kasse ist gnädig - wir dürfen zum angezeigten Preis tanken (4.2).

Nicht so gnädig ist allerdings das öffentliche Telefon nebenan, es will einfach mit unserer Telefonkarte keine Verbindung herstellen, weder mit Münzen noch ohne.

Wir wollen schon weiterfahren, als Claus noch einfällt, dass er doch die Dame auch nach einem Walmart fragen könnte. Und sie weiß genau, wo der nächste ist, fast genau auf der anderen Straßenseite. Also wenden wir noch einmal und kaufen ein: zuerst eine Pfanne (oder besser gesagt, gleich zwei, wir "saven" mal wieder, d. h. zwei Pfannen im Paket sind billiger als die billigste Einzelpfanne), dann zwei zusätzliche Kopfkissen und zuletzt gelingt es mir noch, Claus zum Kauf eines Prepaid-Handys zu bewegen. So haben wir am Abend dann eine ausgiebige Beschäftigung - denn so ein Handy will erst einmal aktiviert werden (4.3).

Den ganzen Tag fahren wir mehr oder weniger im Mississippital entlang. Nach ca. 220 Meilen kommen wir an Memphis vorbei, gegen 15 Uhr erreichen wir Arkansas. Am Straßenrand tut sich nicht viel. Wir sehen Felder, Felder, Wassertanks, Getreidesilos und wieder Felder. Ab und zu ein Haus. In der Weltstadt Brinkley (muss man nicht wirklich kennen) biegen wir von der Interstate ab. Ich habe ein Hinweisschild zu einem Liquor Store (4.4) gesehen. Und wirklich, es gibt ihn (ob es den Ort auch gibt, da bin ich mir nicht so sicher). Wir werden fündig und kaufen einen Whiskey und für mich gefrorene Drinks in einer Plastiktüte. Margueritas und Daiquiris. Wie das wohl schmeckt? (Gar nicht so übel - es wird die Entdeckung des Urlaubs. Noch unzählige Tüten wandern in unsere Einkaufswagen, nachdem wir entdeckt haben, dass es sie auch beim Walmart gibt.)

Blick von unserem Campground über den Arkansas River nach Little Rock

Wir suchen uns nun einen Campground in Little Rock, Arkansas. Nach ein wenig Kurverei landen wir direkt am Arkansas River. Dort finden wir einen sehr schönen Platz und bekommen (laut Vermieterin) die Site mit dem "Million Dollar View". Wir sehen aus unserem Fenster direkt über den Fluss, rechts und links von uns sind zwei Brücken, die nachts angestrahlt werden und ein wunderschönes Fotomotiv abgeben. Claus packt schnell die Stühle aus, und wir genießen den Abend mit einem tollen Ausblick und einem kühlen Bier in der Hand, natürlich aus einem Glas! (4.5)

4.1

Warum dies so ist, kann ich nicht sagen, aber wir haben die Erfahrung gemacht, dass die bei der Wohnmobilausstattung mitgelieferten Pfannen immer (!) anbrennen. Wir kaufen uns deshalb jedes Mal eine neue Pfanne. Das ist kein großer Kostenfaktor (erstaunlicherweise tut es meist die billigste Pfanne vom Walmart) und ich möchte mich nicht den ganzen Urlaub über eine ungeeignete Pfanne ärgern. Ebenso verfahren wir mit nicht vorhandenen Gläsern oder uns angenehmerem Besteck (ich meine hier, Messer und Gabeln, die bei manchen Vermietern aus Plastik sind und die wir dann ersetzen). Wir haben es allerdings auch schon erlebt, dass sich Urlauber bei der Rückgabe an der Vermietstation über fehlendes oder ungeeignetes Zubehör beschwert haben, worüber sie sich dann den ganzen Urlaub lang geärgert haben, und eine teilweise Erstattung des Mietpreises wegen entgangener Urlaubsfreuden aushandeln wollten - kein Witz!

4.2

Tanken und die Tankpreise sind ein leidiges Thema bei einem Urlaub mit dem Wohnmobil. Unser Gefährt schluckte so um die 26 l / 100 km und lag damit sicher noch nicht im obersten Bereich. Der Verbrauch unterscheidet sich nach Auskunft an der Übernahmestation auch nicht bei unterschiedlich großen Wohnmobilen. Das Benzin in den USA ist zwar billiger als in Deutschland, aber bei einem Preis von ca. 4 $ pro Gallone (Stand März 2012) schlägt das Tanken beim Gesamtpreis doch ganz schön ins Gewicht.

Beim Tanken kann es außerdem vorkommen, dass Sie nicht an der Zapfsäule direkt mit Kreditkarte bezahlen können - was normalerweise fast immer geht -, und zwar dann, wenn die Säule die Eingabe des sogenannten ZIP-Codes (also die amerikanische Postleitzahl) verlangt. Das System erkennt dann nach Eingabe der deutschen PLZ leider, dass es sich nicht um eine amerikanische handelt, und verweigert die Zahlung. Wir haben auch schon probiert, eine Phantasiepostleitzahl einzugeben - ohne Erfolg. Aber wir haben immerhin gelernt, dass unsere deutsche Postleitzahl in den USA existiert, es ist die gleiche wie Cairo, Missouri.

Einzige Möglichkeit ist dann der Gang in den Verkaufsraum und die Freischaltung der Säule durch den dortigen Tankwart, was aber nie ein Problem ist. Manchmal wird man gefragt, für wie viel Dollars man denn tanken will. Für diese Fälle ist es gut, eine ungefähre Vorstellung zu haben. Deshalb am besten die Quittungen aufheben, nachschauen und – je nach Füllstand - ein bisschen unter dem Betrag bleiben.

4.3

Der Begriff "Handy" ist in den USA unbekannt! Dort heißt es Cell Phone oder Mobile Phone.

Es gibt unzählige Möglichkeiten, aus den USA nach Deutschland zu telefonieren. Ich kann sagen, wir haben schon fast alle ausprobiert. Skypen ist die billigste Möglichkeit, aber natürlich nur, wenn es auch ein kostenfreies Wi-Fi gibt. Leider hat man aber nicht auf jedem Campground eine funktionierende Internetverbindung. Festnetz, z. B. von einem Hotel aus, ist teuer. Das eigene Handy ebenfalls (wegen der Roaming-Gebühren). Die günstigste Möglichkeit ist aus unserer Sicht eine Telefonkarte. Diese Prepaid Card ist in vielen Drugstores wie z. B. "Walgreens" erhältlich.

Achten Sie beim Kauf der Karte auf die Aufschrift "international calls". Die Aufschrift "long distance" reicht nicht! Wir haben uns eine Karte für 20 $ gekauft, die länger als einen Urlaub gereicht hat (und wir rufen häufig in Deutschland an).

Auch der Kauf eines amerikanischen Prepaid Cell Phone kann sich rentieren. Damit kann man überall gut telefonieren – Netzempfang vorausgesetzt (deshalb Achtung: in den Nationalparks gibt es grundsätzlich keinen Empfang) -, auch wenn kein Public Phone oder eine kostenfreie Wi-Fi-Verbindung vorhanden ist. Übrigens: Der Begriff Wi-Fi, den ich jetzt schon mehrfach verwendet habe, wird in den USA synonym für WLAN gebraucht. Viele Campgrounds und Motels werben mit dem Begriff "FREE Wi-Fi".

4.4

In amerikanischen Supermärkten gibt es normalerweise keinen hochprozentigen Alkohol, meistens, wenn überhaupt, findet man nur Bier oder Wein. Während es Bier in zahlreichen Variationen (Pils, Lager, heimisch oder importiert, mit Zusätzen wie Strawberry oder Lime, mit mehr oder weniger Alkoholgehalt) gibt und die Preise auch mit den deutschen vergleichbar sind, kann die Auswahl bei Wein eingeschränkt sein. Und die Preise sind heftig, da kann eine Flasche Landwein schon mal locker 15 $ kosten. Sollten Sie Appetit auf Weinbrand, Whiskey oder Rum haben, müssen Sie einen Liquor Store anfahren. Die Öffnungszeiten dieser Geschäfte variieren von Bundesstaat zu Bundesstaat. In einigen Staaten sind Liquor Stores grundsätzlich am Sonntag geschlossen. Achtung: An Tankstellen gibt es keine Alkoholika!

4.5

Da wir schon beim Thema Alkohol sind. Alkohol in der Öffentlichkeit ist verpönt, wenn nicht gar verboten (auch diese Regelungen sind von Staat zu Staat unterschiedlich). Für den Transport gekaufter Flaschen haben sich braune Tüten eingebürgert. Offene Flaschen im Auto sind überall verboten, da haben es Wohnmobilisten mit dem Transport etwas einfacher. Füllen Sie Ihr Bier oder Ihren Whiskey auf dem Campground einfach in ein Glas, dann nimmt keiner Anstoß daran.

In Restaurants gibt es auch nicht immer selbstverständlicherweise Alkohol. In sogenannten Family Restaurants gibt es gar keinen, andere müssen eine Lizenz zum Ausschank haben. Auch in vielen Fastfood Ketten werden Sie vergeblich ein Bier suchen.

5. Little Rock, Arkansas

Schon um 6 Uhr weckt uns die Sonne. Wir verlassen den Campground und fahren über die Brücke nach Little Rock hinein. Das ist nicht so einfach, wie es sich anhört, es gibt viele Möglichkeiten, sich zu verfahren, aber TOMTOM hilft uns recht gut. Schließlich gelangen wir zum Parkplatz neben unserem Ziel, der Präsidentenbibliothek, der "William Jefferson Clinton Library", die 2004 eingeweiht wurde. Gott sei Dank gibt es bei öffentlichen Gebäuden meist eine Menge Parkplätze (5.1). Wir lassen unser RV (5.2) stehen und gehen zu Fuß zur Library. Schon vor dem Gebäude machen wir jede Menge Fotos, schließlich ist "unser" Campground genau gegenüber und die Brücke, die wir gestern noch im Sonnenuntergang gesehen haben, spiegelt sich so schön in einem Brunnen.

Die William Jefferson Clinton Library in Little Rock, Arkansas

Das Gebäude selber ist so konstruiert, dass es an eine Brücke erinnern soll. Mir gefällt die Architektur sehr gut.

Nachdem wir uns drinnen die Eintrittskarten gekauft haben, verliere ich meinen Mann. Er bleibt an der Limousine des ehemaligen Präsidenten hängen, die in der Vorhalle aufgestellt ist, während ich schon auf dem Weg ins Theater bin, wo wir uns den obligatorischen Film über Clinton ansehen wollen. Als ich merke, dass ich solo bin, gehe ich noch einmal zurück. Eine Dame vom Volunteer Service bemerkt meine Verwirrung und fragt nach dem Grund. Als ich ihr erkläre, dass ich meinen Mann verloren habe, weist sie mich in die andere Richtung. Dort sei ein Herr aus Germany.

Dieser Herr ist zwar sehr nett, aber nicht mein Mann. Die Dame ist verwirrt. Mehr als ein Mann aus Germany an einem Tag in ihrer Library ist zu viel für sie. "Relatives of you?", versucht sie noch, sich die Situation zu erklären, aber sowohl der nette Herr als auch ich müssen verneinen. Nein, wir sind nicht verwandt. Purer Zufall.

Im Theater treffen wir dann unsere jeweiligen Ehepartner wieder. Das andere Ehepaar besucht gerade seine Tochter, die für ein Schuljahr in Little Rock ist, und plant für die nächsten Tage die Weiterfahrt nach New York.

Wir sehen uns den Film über die Amtszeit von Bill Clinton an und finden ihn recht ansprechend. Er ist nicht ganz so patriotisch wie die, die wir aus anderen Presidential Libraries kennen (ich sage nur: Nixon) (5.3) Danach steht ein ausführlicher Rundgang auf dem Programm. Wir sind beeindruckt von der genauen Dokumentation. Man kann sogar einen Blick in die Tagesplanungen von Clinton werfen, die in großen Bänden akribisch genau gesammelt wurden.

Außerdem war er ein Präsident, der sich durchaus mit seinen Erfolgen im wirtschaftlichen Bereich brüsten kann.

Im Obergeschoss befinden sich die Gastgeschenke vieler ausländischer Besucher, eine Dokumentation über die Weihnachtsfeiern im Weißen Haus (einschließlich der Fotos sämtlicher Weihnachtsbäume) und eine Nachbildung des Oval Office (5.4).

So brauchen wir doch eine ganze Weile, um uns alles anzusehen.

Anschließend geht es mit einem kleinen Shuttle in die Innenstadt. Erster Halt ist der Clinton Gift Shop, also der Souvenirladen, der allerdings nicht so gut ist wie die Library. Aber immerhin bekommen wir einen Wandkalender mit Bildern des Weißen Hauses geschenkt. Wir erforschen nun die "Waterfront" mit einem kleinen Park. Es ist alles sauber und gepflegt, aber menschenleer. Wo sind die ganzen Leute? Die Antwort bekommen wir, als wir die Markthalle betreten. Hier, im Kühlen und mit einer reichlichen Auswahl an unterschiedlichsten Restaurants, tummelt sich das Leben. Wir folgen einmal dem Rundgang, vergleichen die Auswahl und entscheiden uns dann für einen Chinesen. Wir teilen uns eine Portion "Baked Shrimps with Rice". Dazu gibt es Pomegranate Juice (Granatapfel) und Lychee Drink. Schmeckt sehr gut (5.5). So sind wir nun gestärkt für eine Fahrt mit der Tram quer durch die Stadt. Claus meint erst, es handle sich um eine ganz normale Straßenbahn, aber dann lässt er sich doch überzeugen und wir steigen ein. Die Fahrt geht (mit Erläuterungen!) durch die Stadt und dann über die Brücke auf die andere Seite des Flusses, oder genauer gesagt, nach North Little Rock. Wir sehen unterschiedliche Wohngebiete, ein U-Boot und die Arkansas Queen, einen alten Schaufelraddampfer. Leider ist die Haltestelle an der Library heute geschlossen. So müssen wir wieder am Museum aussteigen und diesmal zu Fuß zum Parkplatz zurück gehen (ist aber durchaus zu schaffen - selbst für uns).

Die Arkansas Queen am Ufer des Arkansas River in Little Rock, Arkansas

Unser nächstes Ziel ist der Hot Springs National Park, in dem wir übernachten wollen. Also fahren wir los. Es geht durch Wälder, die Straße liefert nicht gerade viele Fotomotive. Schließlich wird die Straße breiter und wir fahren nach Hot Springs hinein. Ich weiß nicht, was ich erwartet habe, aber das ganz bestimmt nicht. (Ich weiß schon, was ich erwartet habe - eine Ansammlung heißer Quellen in behauenen Steinbecken in Gottes freier Natur unter einem sternenklaren Himmel mit Vogelgezwitscher und von blühenden Blumen umgeben!?) Wir sind in einer Touristenfalle gelandet - die noch nicht mal einen Parkplatz hat, jedenfalls keinen mit Parkplätzen für unsere Größe. Wir irren etwas hilflos durch den Ort von einem Ende zum anderen, wissen nicht so recht, was wir nun anfangen sollen. Also wenden wir und fahren in Richtung Gulpha Gorge Campground. Hier finden wir eine Site ohne alles (5.6) Ein freundlicher Camper macht uns darauf aufmerksam, dass unsere Site keine Anschlüsse hat. Danke, aber wir brauchen heute nichts (außerdem ist das billiger). Wir packen mal wieder unsere Stühle aus (5.7) Ich sammle ein wenig Holz und Claus versucht, ein Lagerfeuer zu machen. Kläglicher Versuch ohne Holz! Also baut er stattdessen erst einmal unseren neuen Grill zusammen und wir grillen zum Abendessen. Das gelingt sehr viel besser. Den Abend verbringen wir, in Decken gehüllt, damit, die Glut der Holzkohle zu beobachten und dem Plätschern des kleinen Baches zu lauschen. Ab und zu geht ein Hund mit seinem Herrchen an unserer Site vorbei.

5.1

Es hat sich in unseren Urlauben als zweckmäßig erwiesen, wenn überhaupt, dann an den Wochenenden in die Downtown größerer Städte zu fahren. Meist sind die Parkplätze dann kostenfrei. Ganz zu schweigen von der Tatsache, dass es nicht immer ganz einfach ist, für ein Wohnmobil ab einer entsprechenden Größe überhaupt einen Platz zu finden. Öffentliche Einrichtungen bieten dabei die größten Erfolgsaussichten, also etwa Libraries, Town Halls oder Museen. Es kann aber auch passieren, dass Sie die Kosten für 4 (!) normale Parkplätze berappen müssen, um ihr Gefährt auf einem öffentlichen Parkplatz unterzubringen.

5.2

RV ist die Abkürzung für Recreational Vehicle. Dies ist in den USA die gängige Bezeichnung für Wohnmobile. Als Sport Utility Vehicle (SUV) wird meist ein Allradfahrzeug bezeichnet, welches aber auch häufig nur 4WD (4-wheel-drive) genannt wird.

Die freie Übersetzung "mobile home" für Wohnmobil führt dagegen zu einigen Irritationen (habe ich in unserem ersten Urlaub selber ausprobiert!), vor allem, wenn Sie so ganz nebenbei erwähnen, dass sie mit einem solchen in einem 3-Wochen-Urlaub unterwegs sind. Diese Bezeichnung ist für die fahrbaren Häuser (!) reserviert, die Ihnen schon mal auf der Interstate entgegenkommen können, ansonsten aber einen festen Platz in einem Mobile Home Park haben.

5.3

Das Sammeln von Presidential Libraries ist ein Hobby von uns. Jeder amerikanische Präsident hat nach seiner Amtszeit das Recht, auf Staatskosten eine solche einzurichten. Meist geschieht dies in den Heimatstaaten der Präsidenten, bei Clinton also hier in Arkansas.
Die meisten dieser Libraries werden von der NARA (National Archives and Records Administration) geführt, einige aber auch vom National Park Service oder von den Staaten selber. Wer sich für eine Auflistung interessiert, findet diese bei www.wikipedia.com.
Die Richard M. Nixon Library befindet sich übrigens in Yorba Linda in Kalifornien und ist aus meiner Sicht sehr patriotisch. Die Erfolge des Präsidenten werden in den höchsten Tönen gelobt, sein drohendes Amtsenthebungsverfahren (Stichwort: Watergate) spielt dagegen nur eine untergeordnete Rolle.

5.4

Jeder Präsident, der im Weißen Haus residiert, richtet sich das Oval Office nach seinen eigenen Wünschen ein, dies beginnt mit den Teppichen, geht über die Bilder und endet mit dem Schreibtisch. Diese individuelle Ausstattung des Oval Office während einer Amtszeit wird dann üblicherweise in den Presidential Libraries gezeigt.

5.5

Vielleicht haben Sie schon von den sehr großen Portionen in amerikanischen Lokalen gehört. Ich kann dies nur bestätigen (Ausnahmen bestätigen die Regel, z. B. in Fischrestaurants an der Oregon Coast oder in

Feinschmeckerlokalen in New York). Normalerweise ist für uns eine (!) geteilte Portion zum Lunch mehr als ausreichend. Behalten wir etwas über, so nehmen wir es mit. Das ist in den USA völlig selbstverständlich und jedes Lokal hat Lunchboxen. Die meisten sind sogar mit einer aufgedruckten Anweisung versehen, wie man das Gericht in der Mikrowelle aufwärmt. Einzige Ausnahme sind die vielen meist chinesischen Mittagsbuffets. Diese funktionieren auf der Basis "all you can eat" und da gibt es natürlich keine Boxen.

5.6

Campsites unterscheiden sich, meist auch preislich, durch ihre Ausstattung. Die Sites in National und State Parks verfügen normalerweise über Wasser- und Stromanschlüsse. Die Entsorgung des Abwassertanks ist zentral (Dumping Station). In abgelegenen Gebieten kann es aber auch vorkommen, dass Wasser- und Stromanschlüsse nur eingeschränkt vorhanden sind. Private Campgrounds sind in der Regel teurer. Sie verfügen dafür aber häufig über weiter reichende Ausstattungen wie z. B. Pools, Laundries (Wäschereien) und kleine Geschäfte. Dabei unterscheiden sie zwischen Plätzen mit "W/E" und "fhu" (also Water und Electricity oder full hook-up). Full hook-up bedeutet, dass sich zusätzlich zu Wasser und Strom an dem von Ihnen belegten Platz direkt auch eine Abwasserentsorgung befindet, an der Sie Ihr Wohnmobil anschließen können. Diese Einrichtung ist meines Erachtens aber nur für Dauercamper notwendig. Wenn Sie nur eine Nacht bleiben, können Sie, falls notwendig, Ihr Gefährt ganz einfach an der zentralen Stelle entleeren. Meist haben wir dort sowieso beim Ausfahren gehalten, weil sich diese fast immer in der Nähe der Müllcontainer befindet und wir dort gleich unseren Müll entsorgt haben.

5.7

Die staatlichen Campgrounds haben an jeder Site eine Bank mit einem Tisch. Da wir aber auch einfach mal gerne unterwegs anhalten, kaufen wir uns die Campingstühle beim Walmart. Einfache Ausfertigungen kosten um die 10 $ pro Stück in der Campingabteilung. Natürlich kann man die Stühle auch beim Vermieter anmieten, vergleichen Sie dabei aber die Kosten.

Auch den Grill kaufen wir uns in jedem Urlaub, da ich die großen Grillplätze auf den Campgrounds nicht so besonders mag, weil man sehr viel Holzkohle braucht und ich außerdem nicht weiß, wer hier schon sein Fleisch gegrillt hat und wie lange die letzte Reinigung her ist. Eine einfache Version kostet ca. 10 $.

6. Wiederkehr Village liegt in Arkansas

Heute Morgen versuchen wir es noch einmal mit Hot Springs. Wir sind ziemlich früh dran und ergattern einen Parkplatz direkt vor der Visitor's Information. Da wir keine Parkuhr oder sonstige Hinweisschilder finden, fragen wir im Office nach. Die Parkplätze sind für RVs umsonst. Wo gibt es denn noch so was?
So langsam haben wir sogar den Eindruck, dass sich die Sonne hervorwagt. Wir bummeln an der Bathhouse Row (6.1) entlang. Hier stehen viele Häuser, die einstmals als Badehäuser dienten oder zum Teil noch dienen. Wir sehen sogar eine Amishfamilie, die aus einem der noch aktiven Badehäuser kommt. Das Visitor Center selber ist auch nichts anderes als ein ehemaliges Badehaus. Nachdem wir den Einführungsfilm gesehen haben, beginnen wir mit einem ausführlichen Rundgang. Der erste Raum, den wir betreten, beeindruckt uns durch seine ungewöhnliche Glasdecke. Allerdings erinnern uns manche Einrichtungsgegenstände eher an eine ehemalige Nervenheilanstalt als an ein mondänes Badehaus. Die Turnhalle erinnert mich an meine eigene Schulzeit, die Sprossenwand und die Ringe lassen unangenehme Erlebnisse vor meinen Augen aufsteigen (ich war nicht wirklich eine Sportskanone). Alleine die aufgestellten Bildtafeln lassen ein wenig den ehemaligen Luxus ahnen. Emily, ein "manikin" (so steht es auf der Schautafel), ist in der neuesten Fashion des Jahres 1915 gekleidet und zeigt uns den nachgebauten Salon für die Dame von Welt, den Salon für den Gentleman müssen wir alleine erkunden. Fast fühle ich mich dort ein wenig deplatziert zwischen den Spieltischen und den Aschenbechern. Den Klang des Grammophons noch im Ohr

geht es dann zurück zum Parkplatz. Auf der anderen Straßenseite bummeln wir an den vielen Gift Shops vorbei. Das Angebot hält sich aber in Grenzen. Nur in einem Geschäft finde ich etwas Hübsches für mich, einen ganz leichten Hosenrock, der mir noch gute Dienste leisten soll. Um den ausgestellten Schmuck mache ich allerdings einen Bogen. Er besteht größtenteils aus Natursteinen, zwar handwerklich exzellent gemacht, aber viel zu schwer.

Ein Haus in der Bathhouse Row in Hot Springs, Arkansas

Wir verlassen Hot Springs und den seltsamsten National Park (6.2), den wir je gesehen haben. Unser Weg führt uns in Richtung I-40. Wir fahren auf einer ziemlich kurvigen Straße in Richtung Dardanelle State Park. Unterbrochen wird die Kurverei von einem Abstecher in einen Walmart, den wir hier in dieser einsamen Gegend eigentlich nicht erwartet hatten. Aber er ist gut sortiert.

Dann geht es auf der gewundenen Straße weiter durch die Wälder, hoch und runter. Wir durchqueren den Ouachta National Forest. Die Aussicht ist manchmal recht schön, wenn sie denn da ist, manchmal sehen wir nur Bäume. Kurz hinter Russelville erreichen wir die I-40.

Auf dieser geht es nun etwas schneller in Richtung Westen. Am Straßenrand locken uns Werbetafeln nach Wiederkehr Village. Das ist doch mal ein interessanter Ortsname. Da wir schon eine ganze Weile an Werbeschildern vorbeifahren, die Weinverkauf und -proben anpreisen, entschließen wir uns kurzerhand, von der Interstate abzufahren und einem dieser Schilder zu folgen, eben nach Wiederkehr Village. Wieder windet sich die Straße durch eine hügelige Landschaft, diesmal allerdings gesäumt von Weinstöcken. In Wiederkehr Village erreichen wir über den Swiss Family Drive den Wiederkehr Hof (wo sind wir hier?). Wir steigen aus und gehen in den ausgebauten Weinkeller, in dem es angenehm kühl ist. Hier kann man Wein probieren. Die Verkostung kostet eine Kleinigkeit, dafür hat man 3 Weine zur Auswahl, jede weitere Weinprobe, so steht es auf einem Schild, muss extra bezahlt werden. Wir probieren einen Chardonnay und zwei Rotweine, einen Beau Noir und einen Red Muscadine. Der Chardonnay ist nicht außergewöhnlich, aber gut, die beiden Rotweine hingegen sind wirklich fantastisch, besonders der Beau Noir ist eine Wucht (6.3). Wir bekommen noch zwei weitere Weine angeboten, die uns aber nicht so zusagen. Dafür müssen wir aber auch nichts extra bezahlen. An der Kasse erstehen wir eine Flasche Chardonnay, zwei Beau Noir und einen Red Muscadine. Zusätzlich gibt es noch einen "Weinfest Wine" (so steht es auf dem Etikett) mit nur 6 % Alkohol, davon nehmen wir auch zwei Flaschen. Das ist für einen Urlaub schon eine ganze Menge. Meine Freude wird allerdings etwas getrübt dadurch, dass es uns auch nach mehrmaligem Nachfragen nicht gelingt, ein Probierglas zu kaufen. Die Verkaufsware sei ausverkauft, und von einem der 10.000 Probiergläser für die Verkostung könne

man sich wirklich nicht trennen, auch nicht in Sonder-
fällen. So langsam keimt in mir der Verdacht auf, dass
Wiederkehr Village in Deutschland liegt und nicht in
den USA (6.4).

Nun ist es allerdings schon ziemlich spät geworden.
Wir müssen uns ein wenig beeilen mit der Suche nach
einem Campground für die Nacht. Es wird schon dunkel, und in solchen Fällen bietet sich meistens ein
KOA an (6.5). Diesen finden wir in Fort Smith. Er liegt
wunderschön an einem See. Beim Ausfahren unserer
Slide-outs passiert uns allerdings ein Missgeschick.
Claus hatte gestern den Rauchmelder an der Decke
um seine Batterie erleichtert, da er sich bei jedem
Kochen lautstark meldete (6.6). Anscheinend war
aber die Befestigung an der Decke nicht sehr stabil,
so dass er, unbemerkt von uns, von der Decke gefallen ist, auf das innere Dach des Slide-outs. Als wir
dieses nun ausfahren, hakt es. Obwohl wir die Moto-
ren schnellstens stoppen, hat der Feuermelder es
doch geschafft, eine Zierleiste abzubrechen, die allerdings auch nur locker angetackert war. Da stehen wir
nun - der Urlaub ist gelaufen. Wie bringen wir die Zierleiste wieder an? Was wird es uns kosten, diesen
"Unfall" an der Vermietstation zu beichten? Wir sind
einigermaßen erschüttert. (Wir hätten uns gar nicht so
aufzuregen brauchen - die Dame bei der Rückgabe
meint nur ganz lapidar, das passiere schon mal bei
Neuwagen, dass sich Teile der Dekoration selbst-
ständig machen - den Feuermelder als Ursache lassen wir natürlich unerwähnt. Aber kann man im Voraus wissen, wie Vermieter reagieren?) (vgl. Kapitel 24
- Versicherungen).

Trotzdem wird es noch ein schöner Abend, denn, wie
gesagt, die Sonne scheint und wir füttern die Enten,
die sich um unseren RV herumtreiben.

6.1

Die Bathhouse Row ist eine Aufreihung von alten Badehäusern, in denen einst die Bade- oder Kurgäste in der Anfangszeit des Tourismus ihre Anwendungen genossen. Die Häuser haben heute ganz unterschiedliche Funktionen: In einem werden z. B. Ausstellungen gezeigt, eines beherbergt das Visitor Center des Hot Springs National Park, in einem kann man sogar heute noch Bäder nehmen. Eines haben alle Häusern gemeinsam, sie sind wundervoll restauriert und lohnen einen Besuch.

6.2

Normalerweise deutet die Bezeichnung National Park auf ein landschaftliches Highlight hin. Andere Einrichtungen haben eher die Bezeichnung NHS (National Historic Site) oder NM (National Monument). So waren wir hier ganz auf Landschaft eingestellt und haben eben keine Stadt erwartet.

6.3

Bitte entnehmen Sie aus meinen Bewertungen keine Anleitung für den Kauf von Wein auf diesem Weingut. Wir sind keine ausgewiesenen Weinkenner, sondern mehr Liebhaber, die Weine einteilen in "schmeckt - schmeckt nicht". Und das ist ein rein subjektives Urteil. Objektivere Informationen können Sie unter der eigenen Homepage finden unter www.wiederkehrwines.com. Und wenn Sie mehr als ein Glas probieren wollen gibt es hier auch einen eigenen RV Park.

6.4

Dass wir kein Probierglas kaufen konnten, ist schon erstaunlich. Ansonsten haben wir nämlich die Erfahrung gemacht, dass die Amerikaner sehr hilfsbereit und zuvorkommend sind. Der Kunde ist wirklich noch König und man versucht immer, die Wünsche des Kunden zu erfüllen - aber Ausnahmen bestätigen eben die Regel!

6.5

KOAs haben den Vorteil, dass sie meistens direkt an der Interstate liegen, und da sie hell erleuchtet sind und das typische Schild immer gut zu erkennen ist, kann man sie nicht verfehlen. Allerdings haben sie auch manchmal den Nachteil, dass sie direkt an der Interstate liegen - es ist nicht immer ganz ruhig dort. Amerikaner haben scheinbar eine andere Einstellung zu Lärm, dies belegen auch die vielen Wohnsiedlungen direkt an der Interstate (Lärmschutzwände sind erst in den letzten Jahren in Mode gekommen).

6.6

Das Herausnehmen der Batterie aus dem Rauchmelder ist nicht zur Nachahmung empfohlen. Es handelte sich dabei bei uns um pure Notwehr, denn das Gerät schlug schon Alarm, wenn ich nur den Herd angemacht habe, also haben wir die Batterie während des Kochens entfernt.

7. Geiselnahme im Indian Territory

Auf dem KOA Campground haben wir Wi-Fi und benutzen dieses für einige Mails nach Deutschland.
Schließlich möchten wir den Daheimgebliebenen auch
ein paar Fotos zeigen. Nach dem Frühstück dumpen
wir zum ersten Mal, es geht alles ganz einfach. Nur
muss ich dazu halb unter den Wagen krabbeln, denn
die Klappe, hinter der sich die Anschlüsse verbergen,
ist falsch eingebaut, aber es geht (7.1).
In Fort Smith wartet eine National Historic Site auf
uns. National - wie wunderbar, wir können saven,
denn wir haben ja den Eintritt schon mit dem Kauf des
Annual Pass bezahlt (7.2). Das Wetter ist so schön
sonnig geblieben, es ist schon morgens relativ warm.
Wir suchen und finden (nach einigen kleineren Um-
wegen) den Parkplatz der NHS.
Das alte Fort war zu seiner Zeit ein Bollwerk gegen
die Gangster und Indianer des wirklichen "Wilden
Westens". Der Ranger im restaurierten Gebäude erklärt uns, dass es damals hieß, westlich von St. Louis
gäbe es keinen Sonntag, aber westlich von Fort Smith
gäbe es keinen Gott. Hinter Fort Smith beginnt das
sogenannte Indian Territory. Wir treffen alle bekann-
ten Gangster wieder wie z. B. Billy the Kid oder Smo-
ker Mankiller (toller Name!). Das Gefängnis hieß "Hell
on the Border Jail" und neben dem Gerichtsgebäude,
der Wirkungsstätte von "Hanging Judge Parker" (!), ist
der Galgen aufgebaut. Während seiner Laufbahn als
Richter

verurteilte er 160 Menschen (156 Männer und 4 Frauen) zum Tod durch den Galgen, 79 wurden tatsächlich hingerichtet. Dieser Umstand brachte ihm den Namen „Hanging Judge" ein. Immerhin ist der Galgen mit einem hohen Zaun umgeben, weil der Judge nicht wollte, dass die Hinrichtungen zu einer Volksbelustigung verkommen. Moral hatte er, der Bursche!

Das Museum bietet den Nachbau eines Gefängnisses. Die Insassen hatten nur eine Matte in einem kahlen Raum, an der Wand stand ein Eimer zur Verrichtung der Notdurft. Als wir den Raum betreten, sorgt ein Bewegungsmelder dafür, dass wir den Gesprächen der Gefangenen lauschen können.

Das Museumsgebäude der Fort Smith National Historic Site

Sie beklagen sich über das Essen, die Kälte und die harte Unterlage. Nebenan findet sich noch eine Ausstellung über das Wirken der U.S. Marshals in dieser Grenzregion. Auch deren Leben, in Briefen an ihre Angehörigen anschaulich dokumentiert, war kein Zuckerschlecken.

Das Museum beeindruckt uns sehr, es ist wirklich sehr aussagekräftig und ausdrucksstark.

Wir erfahren eine Menge über die Umsiedlung der Cherokee unter Präsident Andrew Jackson - einem gar nicht so netten Zeitgenossen, wie wir finden. Die damaligen Ereignisse sind als "Trail of Tears" in die Geschichte eingegangen (7.3). Fast ein Drittel der Indianer kamen bei diesem Marsch ums Leben. Wir beschließen, uns freundlicheren Dingen zuzuwenden, und laufen in Richtung Tram-Museum. Das Fort Smith Trolley Museum ist ein kleines Straßenbahn- und Eisenbahnmuseum. Dort kann man mit einer restaurierten Tramline fahren. Vier Fahrzeuge, eine Straßenbahn und drei Dampflokomotiven, sind im National Register of Historic Places (NRHP) erfasst. Die befahrene Strecke ist ungefähr 800 m lang und führt an der Fort Smith NHS und am Fort Smith National Cemetery vorbei.

Wir können nicht ahnen, dass die Fahrt mit dieser Tram in eine Geiselnahme mündet. Claus macht den entscheidenden Fehler - er signalisiert dem Volunteer sein Interesse (7.4). Obwohl die Geschichte der Tram sicherlich interessant ist, aber was zu viel ist, ist zu viel. Wir fahren gefühlte 200 m (die restaurierte Strecke ist wirklich nicht sehr lang und wird nur für Touristenzwecke am Wochenende genutzt) und brauchen dafür eine geschlagene Stunde.

Rettung bringt uns der National Cemetery. Dort steigen wir aus (oder sollte man sagen, uns gelingt die Flucht?) und es erfasst uns fast Panik, als der Tramführer anbietet, auf uns warten zu wollen. Gott sei Dank gelingt es uns, ihm dieses Vorhaben auszureden.

Wir bummeln nun ein wenig über den Friedhof und erfahren, dass unter Ulysses S. Grant (7.5) ein Gesetz erlassen wurde, das vorschreibt, dass alle Grabsteine auf National Cemeteries gleich groß zu sein haben. Außerdem ist es eine Besonderheit dieses

Friedhofs, dass die Ehefrauen nebenan (oder besser gesagt - dahinter) bestattet werden durften.

Wir legen die 200 m zum Parkplatz zu Fuß zurück und genehmigen uns ein kleines Picknick. Nach dem obligatorischen Tanken geht es wieder auf die I-40 Richtung Westen. Die Landschaft ändert sich dramatisch. Die Zahl der Getreidesilos nimmt zu! Wir passieren die Weltstadt Oklahoma City (in der Ferne sehen wir ein paar Hochhäuser aufragen) und fahren weiter. Wir vertreiben uns die Zeit mit dem genauen Betrachten der Hinweisschilder am Straßenrand. So erfahren wir, dass wir am Exit 264 die Stadt (!?) Checotah passieren, Home Town of Carrie Underwood, American Idol 2005 (7.6). Wir fragen uns, ob es in Deutschland ein Hinweisschild für Daniel Küblböck gibt (wahrscheinlich nicht, aber er hat "Deutschland sucht den Superstar" ja auch nicht gewonnen).

Als wir eine längere Baustelle passieren, erfahren wir, was so alles State Law ist: "Merge now", "Don't follow construction vehicles", "Buckle up"!

Bei 28 °C sammeln wir außerdem die Hinweisschilder "Icy Road", "Bridge ices before road", "Ice may be present on roadway" usw. Sie merken schon, die Gegend ist wieder besonders abwechslungsreich.

Eine knappe Stunde hinter Oklahoma City erreichen wir Hinton und damit den Red Rock Canyon State Park. Das Kassenhäuschen am Eingang ist nicht besetzt. Also fahren wir die Straße in den "Canyon" hinunter (ein großes Wort für ein kleines - wenn auch sehr schönes - Tal). Wir suchen uns eine Campsite und genießen die letzten Sonnenstrahlen auf den roten Felsen, die über uns aufragen. Claus versucht es mal wieder mit einem kleinen Lagerfeuer. Ich sehe der Entwicklung in eine Decke gemummelt zu.

7.1

Das sogenannte Dumpen, also die Abwasserentsorgung des Wohnmobils, ist ganz einfach. Man fährt zur
Dumping Station, die sich auf jedem Campground
befindet, befestigt den dafür vorgesehenen Schlauch
mit dem einen Ende am Anschluss des Wohnmobils,
der andere wird in das Loch der Dumping Station
gesteckt. Dann öffnet man erst den größeren Hebel
für das Ablassen des "black water" (die Bezeichnung
für das Abwasser aus der Toilette, also der "festeren"
Bestandteile), im unteren Bild vorne rechts schon
geöffnet, anschließend den kleineren Hebel für das

Der Dumpinganschluss unseres Wohnmobils

"gray water", also das sonstige Schmutzwasser z. B.
aus der Spüle (die Tanks sind gekennzeichnet, der
"gray water" Hebel ist im Bild links hinter dem Haupt-
anschluss und noch geschlossen). Nun etwas im Innenraum (in der Toilette oder in der Spüle) nachspü-
len, die Ventilhebel wieder schließen und den
Schlauch vom Wohnmobil wieder abkoppeln. Eine

einfache und saubere Angelegenheit. Auf der Einkaufsliste für den Ersteinkauf beim Walmart trotzdem Einmalhandschuhe nicht vergessen. Und auch daran denken, dass die Toilettenchemikalien nach dem Dumpen nachgefüllt werden müssen.

7.2

Der Kauf eines "America the Beautiful - National Parks and Federal Recreational Lands Pass", oder einfach in Kurzform ATB oder Annual Pass gehört zu den Dingen, die wir in jedem USA-Urlaub machen. Die Karte berechtigt dann zum freien Eintritt in alle National Parks, National Monuments, National Historic Sites usw. Er gilt, wie der Name schon sagt, für ein Jahr ab Kaufdatum und deckt ein Fahrzeug mit Fahrer und allen Insassen ab. Die Kosten belaufen sich auf 80 $ (Stand Februar 2013). Natürlich kann man auch jeden Parkeintritt einzeln bezahlen, aber z. B. der Eintritt für den Grand Canyon kostet alleine schon 25 $. Für State Parks und County Parks gilt der Annual Passport übrigens genauso wenig wie für das Monument Valley - dies steht unter indianischer Verwaltung.

7.3

"Trail of Tears" ist der Name für die erzwungene Umsiedlung von Indianern aus den südöstlichen Teilen des Landes gemäß dem Indian Removal Act von 1830. Die Umsiedlung betraf viele Stämme, unter anderen die Cherokee, Muscogee (Creek), Seminole, Chickasaw und Choctaw, aus ihren angestammten Siedlungsgebieten in das damalige Indian Territory, dem östlichen Teil des heutigen Staates Oklahoma.

7.4

Viele kleinere Museen werden von Freiwilligen (Volunteers) betrieben. Dies sind meist pensionierte Herren und Damen, die sich gut auskennen und auf (fast) alle Fragen antworten können. Wir haben im Laufe der Jahre die Erfahrung gemacht, dass diese Herrschaften mit viel Begeisterung bei der Sache sind. Wenn man also sein Interesse signalisiert, kann der Besuch schnell viel länger dauern als geplant, und man bekommt häufig einen ganz besonderen Blick hinter die Kulissen.

7.5

Ulysses Simpson Grant war Oberbefehlshaber des Unions-Heeres (Nordstaaten) im Sezessionskrieg (auch als Civil War bezeichnet, vgl. www.civilwar.org) und von 1869 bis 1877 der 18. Präsident der Vereinigten Staaten von Amerika.

7.6

Carrie Underwood ist eine berühmte Countrysängerin in den USA. Sie startete ihre Karriere als Gewinnerin von "American Idol", dem Gegenstück zu "Deutschland sucht den Superstar", und gewann 2005 die vierte Staffel. Sie hat zahlreiche Grammys gewonnen und bekam Auszeichnungen der CMA (Country Music Association) als beste weibliche Interpretin und als "Entertainer of the year". Und sie hat sicherlich mehr Goldene Schallplatten als alle Gewinner von DSDS zusammen!

8. Wir treffen eine Klapperschlange

Heute Morgen geht Claus noch vor dem Frühstück auf die Jagd. Auf die Jagd mit der Kamera nach Maulwürfen. Und er ist ein guter Jäger, die Schnappschüsse von dem Maulwurf sind schnell gemacht, bei den vielen Hügeln auf dem Rasen vor unserem Wohnmobil auch kein großes Problem.

Bevor wir den Campground verlassen, erkunden wir ein wenig den State Park. Da wir keine Karte haben (das Kassenhäuschen war ja gestern nicht besetzt), folgen wir einfach mal der Straße bis zum hinteren Ende, aber der Park ist landschaftlich nicht so beeindruckend, wie wir das vermutet hatten. Vielleicht könnte man noch einige schöne Ecken entdecken, wenn man sich zu Fuß auf den Weg machen würde, doch dazu haben wir keine Zeit. Doch ein paar rote Felsen mit grünen Bäumen davor geben auf die Schnelle gemacht ein schönes Fotomotiv ab. Beim Verlassen finden wir die Ausfahrtstation wieder leer vor, wahrscheinlich ist der Ranger in der Kirche. So müssen wir diesmal die Zeche prellen, denn es gibt auch keine Box, an der wir unseren Obolus entrichten könnten. Wir fahren weiter. Wobei weiter nicht ganz richtig ist, denn wir drehen erst einmal um. Gestern haben wir im Vorbeifahren Werbetafeln für eine Indian Trading Post (8.1) gesehen. Die wollen wir uns heute Morgen ansehen. Also geht es erst einmal auf der I-40 nach Osten (!). Allerdings nur zwei Abfahrten. Direkt an der Ausfahrt sehen wir schon die Trading Post. Doch außer dem großen weißen Büffel vor der Tür finden wir nichts Interessantes als Futter für unsere Fotoapparate. Außerdem ist im Laden das Fotografieren verboten (8.2).

Wir kaufen nur einen Becher ("on sale") und machen uns dann wieder auf den Weg. Oder besser, wir wollen uns auf den Weg machen. Über der Brücke an der Auffahrt ist nämlich noch eine Trading Post. Da wir noch nicht "ausgeshoppt" sind, halten wir gleich noch einmal. Und diesmal ist der Halt wesentlich erfolgreicher, wenn man nicht gerade die Sichtweise unseres Bankkontos hat. Wir finden nämlich unter anderem eine komplette Ansammlung aller Staaten-Magnete. Dies führt dazu, dass ich noch einmal zurück zum RV muss, um meine Aufstellung zu holen. (Ich habe von Freunden eine Magnettafel der USA geschenkt bekommen und wir versuchen, die Magneten von allen Staaten zu sammeln, in denen wir schon waren - bis zu diesem Shop gab es ein paar Lücken). Nun kann fröhlich eingekauft werden. Wir erstehen auch noch eine Tontafel für unsere Urlaubs-Erinnerungs-Wand zu Hause mit einem Motiv des Trail of Tears und zwei Placemates (Platzdeckchen), die unsere ausgewaschenen ersetzen werden. Doch nun wirklich weiter! Wir fahren auf der Interstate in Richtung Clinton (der Ort hat nichts mit dem ehemaligen Präsidenten zu tun). Auf dem Weg sammle ich aus dem Fenster heraus fotografisch Werbetafeln. Mit irgendetwas muss man sich ja beschäftigen, die Landschaft gibt immer noch nicht viel her. Clinton ist eine jener Ortschaften, die man nicht unbedingt gesehen haben muss. Was uns hierherzieht, ist einzig und alleine das Route-66-Museum (8.3) welches in unserem Reiseführer Erwähnung gefunden hat (es sieht von außen sehr ansprechend aus). Wir machen ein paar Fotos vom Gebäude, betreten dann den Eingangsbereich, wo weitere Fotos entstehen, und entdecken erst dann, dass das eigentliche Museum geschlossen ist (wegen Renovierung). Es bleibt uns nur, eine CD mit Liedern über die Route 66 zu kaufen (der Gift Shop ist geöffnet). Mit dieser musikalischen Untermalung geht es nach Elk City, genauso wie Clinton ein unscheinbarer Ort, genauso wie Clinton mit einem Route-66-Museum. Dieses ist aber offen und mit einem Museum über die örtliche Landwirtschaft kombiniert. Wir steigen also aus und kaufen ein Ticket. Während wir auf den Beginn des Films über die Blütezeit der Route 66 warten, sehen wir uns ein wenig im Gift Store um.

Windräder am Rande des Route-66-Museums in Elk City

Danach gehen wir ins Nachbargebäude, wo sich das eigentliche Museum befindet. Es ist sicher kein Glanzpunkt der Museumsgeschichte, eher für Route-66-Enthusiasten unbedingt sehenswert. Einige Teilbereiche werden zudem gerade umgebaut. Hinter dem Museum befindet sich die Nachbildung einer kleinen Ortschaft und daneben eine Ausstellung von Windrädern - eindeutig der Höhepunkt des heutigen Tages. Die Windräder sind außergewöhnlich und geben vor einem strahlend blauen Himmel wunderschöne Fotomotive ab.

Obwohl es schon etwas später am Tage ist, und wir eigentlich noch ein wenig "Strecke" machen wollen, hat uns nun doch das Route-66-Fieber gepackt. Unser nächstes Ziel heißt daher Groom. Dabei ist aber nicht der Ort selbst von Interesse, sondern nur sein

Wasserturm mit der Aufschrift "Britten USA". Dieser ist schief, und er ist genau so gebaut. Damit wollte man Touristen anlocken - ist bei uns gelungen. Leider können wir neben dem Wasserturm nicht parken, so muss ich die Bilder im Fahren aus dem offenen Fenster heraus machen. Aber damit habe ich in diesem Urlaub ja schon reichlich Erfahrung. Was gibt es noch in Groom? Ein großes Kreuz. The Cross of our Lord Jesus Christ (www.crossministries.net) wurde 1995 errichtet und ist 190 Feet hoch (ca. 19 Stockwerke). Es wurde angeblich errichtet, um die Menschen von den vielen Werbetafeln mit den Hinweisen auf die unterschiedlichen weltlichen Güter, und die Sexshops, abzulenken. Wir sind von der Größe des Kreuzes beeindruckt. Unser daneben geparktes Wohnmobil sieht winzig klein aus. Rund um das Kreuz ist ein Kreuzweg aufgebaut. Die einzelnen Figuren sind aus Bronze und überlebensgroß. An der ersten Station, Jesus vor Pontius Pilatus, müssen wir dann aber schmunzeln. Wir entdecken Münzen in der Schale, in der Pilatus seine Hände in Unschuld wäscht. Typisch Touristen! Am westlichen Ende der Anlage befindet sich eine Nachbildung des letzen Abendmahls und der Kreuzigung Jesu. Alles sehr religiös, alles sehr amerikanisch. Und die schräg stehende Sonne sorgt für zusätzlich Stimmung.

Anscheinend hat uns die Route 66 nun gepackt, denn wir wollen noch unbedingt zu der in unserem Reiseführer erwähnten Bug Farm. Bei dieser handelt es sich nicht um eine Ausstellung von Ungeziefer, sondern um eine Persiflage der weltbekannten Cadillac Ranch. Hier hat man eben fünf Volkswagen Käfer mit der Schnauze nach unten eingebuddelt. Um diese zu finden, müssen wir allerdings ein wenig in der Weltgeschichte herumkurven, die Lagebeschreibung ist nicht sonderlich gut.

Dieser "harmlose" Reifenstapel diente der Klapper-schlange als Zuhause

Wir finden die Ranch schließlich direkt neben der Interstate, nur auf der anderen Seite. Das Licht der Abendsonne verspricht schöne Motive. Also auf geht's.

Ich mache ein paar Fotos von einem Reifenstapel neben einer alten Tankstelle und widme mich dann voll den Käfern, die ich versuche, aus allen möglichen Blickwinkeln abzulichten.

Plötzlich erscheint ein kalkweißer Ehemann hinter mir. "Pass bloß auf, wo du hintrittst", stammelt er. Ich schaue auf meine offenen Sandalen hinunter. Dann wieder meinen Mann an. "Da drüben in dem Reifen-stapel war eine Klapperschlange!", lautet die Erklä-rung. Ich bin einigermaßen schockiert. Und noch ein wenig schockierter, als Claus mir dann auch noch das Foto zeigt. Er hat sie, natürlich (!?), noch fotografiert (8.4).

(Später erzählt mir Claus noch, dass er das Geräusch der Rassel zwar noch nie vorher gehört hatte, aber sofort wusste, was das für ein Geräusch war!).

Der letzte Blick auf die aufgerichtete Rassel "unserer" Klapperschlange

Die Lust auf weitere Fotos verlässt mich abrupt. Wir beenden unseren Rundgang und fahren weiter in Richtung Amarillo. So langsam geht die Sonne unter. Was macht der gewitzte Camper in einem solchen Fall? Er fährt einen KOA an. Dieser hat zwar schon geschlossen, aber wir machen einen Night-Check-in und suchen uns ein ruhiges Plätzchen, wo wir diesen ereignisreichen Tag verarbeiten.

Doch der Tag ist noch nicht zu Ende, denn wir haben hier (in der Nähe von Amarillo) Empfang mit unserer Antenne (8.5) Und ich kann die Verleihung der Country Music Awards live im TV verfolgen. Dies ist mein Abend, bin ich doch der Country-Fan (8.6) in der Familie. Nachdem wir den Sender gefunden haben, bewege ich mich keinen Zentimeter mehr von der Couch weg, bis die Sendung vorbei ist. Diesmal läuft mein Mann im Servicemodus. Ich bekomme Bier und etwas zu essen an meine Couch geliefert.

8.1

Ursprünglich war eine "Trading Post" ein Ort, an dem der Handel mit Waren stattfand. Sie befanden sich während der Kolonialisierung des nordamerikanischen Kontinents häufig im Tagesrittabstand entlang einer Handelsroute. Trading Posts waren aber auch Anlaufstellen für die ersten Siedler, um Neuigkeiten auszutauschen, besonders in einer Zeit, als es noch keine Zeitungen gab. Heute sind sie meist nur von Indianern betriebene Souvenirläden. Die Qualität dieser Souvenirläden richtig sich unserer Erfahrung nach eindeutig nach dem Geschmack des Betreibers. Einige dieser Läden sind sehr schön und bieten wertvolles Kunsthandwerk (z.B. die Hubble Trading Post im östlichen Arizona, die aber auch gleichzeitig eine National Historic Site ist, vgl. www.nps.gov/hutr), andere sind nur mehr oder weniger schlechte Souvenirläden, die einzig den Zweck verfolgen, Touristen das Geld aus der Tasche zu ziehen. Man achte auf die Hinweise: "Made in China" auf den Waren.

8.2

Das Fotografieren ist normalerweise in den USA überall gestattet, sogar in den meisten Museen. Einzig in Indianerreservaten (und damit auch in einigen Trading Posts) ist es häufig nicht gestattet. Dies wird aber deutlich mit einer Vielzahl von Hinweisschildern kenntlich gemacht. Im Zweifelsfall hilft einfach höfliches Fragen!

8.3

Da sind wir nun beim Thema Route 66. Wir wollten eigentlich in diesem Urlaub die Route 66 abfahren, zumindest von Chicago nach Las Vegas. Leider haben wir vor Ort sehr schnell feststellen müssen, dass ein RV unserer Größe für solch ein Vorhaben doch weniger geeignet ist. Will man diese legendäre Straße wirklich erleben, sollte man besser auf einen PKW zurückgreifen. Viele Teilstücke, die zu kleineren Sehenswürdigkeiten führen, sind in keinem guten Zustand, zum Teil nicht asphaltiert und für ein Wohnmobil (egal welcher Größe), für das schon die Ausfahrt aus einem Walmart-Parkplatz wegen der Bordsteinkante ein Problem werden kann, schlicht ungeeignet. Einzige Ausnahme ist da meiner Meinung nach ein Pick-up-Camper, bei dem der Wohnteil auf einem LKW-Chassis sitzt und der geländegängig ist.
Das hat uns aber nicht davon abgehalten, uns die Sehenswürdigkeiten unterwegs anzusehen, die gut zugänglich waren, also z. B. die Route-66-Museen in Clinton und Elk City oder die Cadillac Ranch bei Amarillo.

8.4

Obwohl in den gesamten USA Klapperschlagen heimisch sind, ist die Gefahr eines tödlichen Bisses minimal. Im Regelfall entstehen „nur" schmerzhafte Schwellungen. Daher hat uns eine Rangerin im Arizona-Sonora-Desert-Museum erklärt, dass man im Falle eines Bisses schleunigst alle einengenden Kleidungsstücke oder Uhren und Ringe ablegen und sich in ein Krankenhaus begeben sollte. Auf keinen Fall die Wunde einschneiden, aussaugen, abbinden oder ausbrennen (John Wayne lässt grüßen), und bitte die

Schlange nicht jagen, erlegen und ins Krankenhaus mitnehmen. Die Ärzte schätzen keine Schlangen auf ihren Stationen (they are not amused!). Außerdem ist es nutzlos, denn das Serum ist generisch, es wirkt bei allen Typen von Klapperschlangen. Die meisten Unfälle passieren übrigens bei der Arbeit in landwirtschaftlichen Betrieben auf freiem Feld im Frühjahr oder Herbst.

8.5

Unser RV hat einen riesigen Flachbildschirm eingebaut. Allerdings ist der Empfang etwas eingeschränkt, denn wir verfügen nur über die ausfahrbare Antenne und die funktioniert nicht überall. Wer nicht ohne TV leben kann, sollte sich zusätzlich ein Anschlusskabel für Kabelempfang kaufen (bei Best Buy!). Obwohl dieses Teil recht preisgünstig ist, wird es vom Vermieter nicht automatisch mitgeliefert. Auf vielen privaten Campgrounds gibt es mittlerweile einen Kabelanschluss an den einzelnen Stellplätzen.

8.6

Ich muss es an dieser Stelle einfach loswerden. In Deutschland erzähle ich schon gar nicht mehr, dass ich Country Music mag, denn dann geht sofort die Schublade mit Dolly Parton und Charley Pride auf. Mein Musikgeschmack ist vielleicht nicht originell, aber die höre ich wirklich nicht. Die sogenannte "contemporary Country" Musik hat eher etwas mit Boss-Hoss zu tun und ich liebe Sugarland, Keith Urban oder Kenny Chesney. Hören Sie mal rein, vielleicht finden Sie es ja gar nicht so schlecht.

9. Cadillac Ranch und eine Sturmfahrt

Für heute steht ein Abstecher in den Palo Duro Canyon auf unserem Programm. Nach dem Frühstück (für uns und für unseren RV) fahren wir ca. eine Stunde zum Canyon. Dieser ist der zweitgrößte Canyon in den USA (nach dem Grand Canyon), aber lange nicht so beeindruckend, weil er nicht so tief ist. Er ist 193 km lang und wurde durch den Red River geformt.
Wir gehen erst einmal (oder sollte ich sagen, wir hiken?) zum Visitor Center. Der Ranger am Eingang hatte uns darauf hingewiesen, dass wir dieses nicht mit unserem RV anfahren können, da die Straße zu steil sei (9.1). Wir machen uns also zu Fuß auf den Weg, es sind keine 200 m. Das Visitor Center wurde mal wieder vom CCC gebaut (was wäre Amerika ohne das CCC (9.2). Von dort hat man einen sehr schönen Ausblick in den Canyon. Wir stöbern noch ein wenig durch den Gift Store, und siehe da: wir entdecken einen Buffalo. So einen wollten wir schon immer haben - und dieser ist auch noch um 40 % reduziert (9.3). Und in einer Ecke finde ich auch noch meinen Golden Pond Lizzard. So einen hatten wir schon einmal aus Arizona als Souvenir nach Deutschland gebracht und dann ist er bei uns zu Hause aus unbekannter Ursache von der Wand gefallen. Den müssen wir natürlich wieder haben. Ein mehr als erfolgreicher Besuch. Die kleine Reisetasche, in der wir unterwegs unsere Mitbringsel sammeln, füllt sich zusehends.

Blick auf den Palo Duro Canyon State Park vom Visitor Center aus

Nun geht es hinunter in den Canyon. Wir haben den Ranger schon am Eingang verblüfft, als wir nur ein Tagesticket haben wollten - eigentlich muss man hier übernachten. Haben wir aber nicht vor. Wir folgen dem Weg an unzähligen Campgrounds vorbei und passieren zahlreiche Furten. In einer steht auch noch Wasser. Ich steige vorsichtshalber mal aus, doch die

Unser RV geht im Palo Duro Canyon in einer Furt schwimmen

Furt ist ganz flach. Aber sie bietet sich natürlich für ein Foto an - wann geht ein Wohnmobil schon mal schwimmen?!

Die zahlreichen roten Felsen am Wegesrand bieten uns schöne Motive. Hier sollte man wirklich wandern. Wir nehmen alles an Eindrücken mit, was man aus dem Auto heraus entdecken kann und bedauern es mal wieder, dass unsere Urlaubszeit endlich ist - und viel zu kurz.

Unser leibliches Wohlbefinden fordert nun sein Recht. Wieder einmal halten wir an einem Walmart und ergänzen unsere Vorräte (ich bekomme übrigens keine Provision von Walmart, es ist nur einfach praktisch, dort einzukaufen, weil man (fast) alles findet). Mittlerweile hat sich die Sonne verzogen. Es ist auch ziemlich windig geworden. Trotzdem fahren wir in Richtung Cadillac Ranch. Wir sehen sie schon von der anderen Seite der Interstate (weil wir von Osten kommen, liegt die Ranch auf der linken Fahrtseite). Wir nehmen die nächste Ausfahrt, fahren noch einmal zurück und parken am Straßenrand. Zuerst fällt uns ein Schild auf, das Graffiti unter Strafe stellt. Deshalb liegen hier auch überall die Spraydosen mit Farbe herum (!). Über ein freies Feld laufen wir auf die eingegrabenen Cadillacs zu. Wir umrunden die Autos, nehmen jedes Detail unter die Lupe, oder besser gesagt, unter die Linse, lassen uns von einer indischen Familie vor den Autos fotografieren, und als die Sonne für einen Moment wieder herauskommt, machen wir die Fotos gleich noch einmal. Jedes einzelne Auto muss dabei genauestens dokumentiert werden. Schließlich sind wir fotoverrückt.

*Die Cadillac Ranch, ein Wahrzeichen der Route 66
bei Amarillo, Texas*

Weiter geht es nun, wieder Richtung Westen, auf Tucumcari zu, unserem nächsten Ziel. Die Sonne ist weg, dafür hat der Wind ordentlich aufgefrischt. Es folgt eine wirkliche Sturmfahrt. Claus hat eine ganz seltsame Handhaltung am Lenker. Rechte Hand schräg oben, linke Hand schräg unten. Dabei versucht er nur, geradeaus zu fahren. Problematisch wird es auch, wenn uns ein Truck überholt. Dann sind wir plötzlich im Windschatten und Claus muss das Lenkrad herumreißen, damit wir nicht im Graben landen. Ich spüre die Trucks schon am Sog kommen, alles andere als angenehm.

Tucumcari macht auf den ersten Blick auch nicht gerade einen vertrauenerweckenden Eindruck. Das mag aber am schlechten Wetter liegen. Bei Sonne sieht es hier bestimmt heimeliger aus. Wir entscheiden uns für einen Good Sam Park (9.4).

Ach ja, er soll angeblich Wi-Fi haben. Hat er wohl auch, rein theoretisch. Wir haben jedenfalls keinen

Empfang. Während ich das Abendessen mache, beobachte ich aus dem Fenster unseren professionell ausgestatteten Nachbarn, der das Hook-up der Wasserleitung mit einer Zange bewältigt. Claus hookt uns per Hand an. Beim Rundgang um unser Gefährt herum entdeckt er gleich noch, dass sich unsere Markise gelöst hat - wohl eine Folge der Sturmfahrt. Da werden wir uns auch noch drum kümmern müssen.

Wir versuchen nun, mit den im Walmart gekauften Klebeutensilien unsere Zierleiste zu befestigen (sie hält mit den Tesa Power Strips genau einen Tag).

In der Nacht wird es richtig stürmisch, unser RV schaukelt hin und her.

9.1

Die Hinweise zu Schwierigkeitsgrad und Länge von Wanderungen in National Parks versetzen uns auch nach all den Jahren immer noch in Erstaunen. Wir haben es schon erlebt, dass auf einem Hinweisschild vor einer Wanderung gewarnt wurde - Herzkranke begäben sich dabei in Lebensgefahr -, und dann handelte es sich nur um einen Spaziergang von 300 m mit ein paar Stufen. Aber auch das Gegenteil war schon der Fall, ein "easy walk" entpuppte sich als Wanderung, die uns ganz schön ins Schwitzen brachte.

In jedem Fall sollten Sie aber, jetzt, da wir uns in südlicheren Gegenden befinden - Amarillo liegt immerhin fast auf dem gleichen Breitengrad wie Tunis - immer Wasser in ausreichender Menge mitführen. Im Sommer sind auch Kopfbedeckung und Sonnencreme ein Muss.

9.2

CCC ist die amerikanische Abkürzung für Civilian Conservation Corps (Vorsicht: in Deutschland meint die Abkürzung ccc chaos computer club!). Dies war eine Arbeitsbeschaffungsmaßnahme im Rahmen des sogenannten New Deal unter Präsident Franklin D. Roosevelt in der Zeit der großen Depression in den USA. Die freiwilligen Teilnehmer arbeiteten an der öffentlichen Infrastruktur, wozu eben auch die Nationalparks gehören. Das Programm endete mit dem Eintritt der USA in den Zweiten Weltkrieg.

Wenn Sie heute durch mehr als einen Nationalpark fahren, werden Ihnen immer wieder Hinweisschilder auf die Tätigkeit des CCC begegnen.

9.3

Es handelt sich dabei natürlich nicht um einen echten Büffel, sondern nur um eine kleine Statue aus Holz, die einen bunt bemalten Bison darstellt. Vielleicht kennen Sie ja dergleichen von Pferden.

Ach ja, Preisreduzierung, oder auch das Stichwort "sale", was ja in den letzten Jahren auch bei uns modern geworden ist. Glauben Sie ruhig, was auf den Preisschildern steht, auch die Höhe der Reduzierungen. Wir haben hier schon manches Kleidungsstück gekauft, das um 50 % reduziert war und an der Kasse gab es dann auf diesen Preis noch einmal 50 %, weil es auf einem entsprechend ausgeschilderten Ständer hing.

Da wir gerade bei Preisen sind. Die Preise werden in den USA immer ohne Tax, d. h. ohne Steuer angegeben. Diese wird dann erst an der Kasse berechnet und variiert von Bundesstaat zu Bundesstaat. In Oregon gibt es z. B. gar keine Sales Tax (prima zum Einkaufen). Manchmal existiert auch noch eine sogenannte "local sales tax". Wer es genau wissen möchte, findet eine detaillierte Übersicht unter www.wikipedia.org/wiki/Sales_taxes_in_the_United_States.

9.4

Der Good Sam Club (www.goodsamclub.com) ist eine internationale Vereinigung von Wohnmobilisten. Wenn man Mitglied ist, bekommt man auf den Campgrounds Rabatte und andere Vergünstigungen eingeräumt. Dies ist vor allem für die Langzeitcamper (auch Snowbirds genannt) von Bedeutung, die häufig den ganzen Winter über auf einem Platz im sonnigen Süden stehen. Die Plätze sind aber auch für sogenannte Overniters (kein Schreibfehler) zugänglich, also für Leute wie uns, die hier nur auf der Durchfahrt eine Nacht stehen wollen. Früher waren die Mitgliedschaften kostenlos, mittlerweile muss man eine Gebühr dafür entrichten. Ob sich das lohnt, liegt daran, wie oft Sie auf einem entsprechenden Campground übernachten. Die KOA Value Card kostet z. B. 24 $, manchmal wird sie aber auch von den Reiseveranstaltern kostenlos zur Verfügung gestellt.

10. Billy the Kid und die Aliens

Auch am nächsten Morgen ist das Wetter in Tucumcari nicht besser. Es ist kalt und es regnet sogar. Nach der üblichen Morgenroutine machen wir uns wieder auf den Weg. Allerdings kommen wir nur eine Abfahrt weit, denn an der Interstate 40 weist ein Schild auf ein Truck and RV Repair hin. Wir biegen wegen unserer lose flatternden Markise ab. Der Eigentümer ist sehr hilfsbereit (10.1), scheint aber auch nicht die ganz große Ahnung zu haben. Wahrscheinlich ist er eher auf die Reparatur von Trucks spezialisiert. Immerhin holt er eine Leiter, rollt die Plane unserer Markise neu auf (sie scheint unter Spannung zu stehen) und befestigt dann das vordere Teilstück wieder in der Leiste. Es sieht zumindest besser aus – und Geld will er auch keins haben. Nun geht es weiter Richtung Santa Rosa. Das Wetter ist zwar immer noch bedeckt, aber es ist nicht mehr so windig. Ich fühle die Trucks nicht mehr kommen und Claus kann sogar das Lenkrad gerade halten. Beim nächsten Tanken machen wir dann die (!) Entdeckung unseres Urlaubs (auf die Idee hätten wir auch schon früher kommen können). Es gibt fast an jeder Tankstelle Kaffee in großen Mengen zu erstaunlich günstigen Preisen. Da schlage ich doch erst einmal zu.

Unser Reiseführer schickt uns nach Fort Sumner. Die kleine Ansiedlung ist heute kein Fort mehr, es gibt nur noch ein paar Häuser, die ziemlich verlassen aussehen, und ein Billy-the-Kid-Museum, unser erstes Ziel. Das Museum beschäftigt sich aber nicht nur mit dem legendären Banditen, auch viele Haushaltsgegenstände der letzten Jahrzehnte finden sich hier.

Uns beschleicht der Gedanke, dass alles, was älter als 30 Jahre ist, in diesem Ort ins Museum kommt. Wir entdecken Plattenspieler, Fotoapparate, Bügeleisen und Schreibmaschinen, die wir noch aus eigener Benutzung kennen - sind wir wirklich schon so alt?

Im Nachbarort gibt es gleich noch ein Billy-the-Kid-Museum. Da der Eintritt nicht sehr hoch ist, sehen wir uns dies auch noch an. Hier finden sich zahllose Gemälde über Billy the Kid. Ansonsten unterscheidet sich die Ausstellung aber nicht von der in Fort Sumner. Gleich nebenan ist aber das Grab von Billy the Kid.

"The real graveside" von Billy the Kid in Fort Sumner, New Mexico

Und zwar das Original (im ersten Museum haben wir noch vor einer Nachbildung der letzten Ruhestätte des legendären Gangsters gestanden). So langsam bekomme ich das Gefühl, das Billy ein Held des Wilden Westens war und kein Outlaw. Daher ist der Grabstein hier auch sicherheitshalber eingezäunt, er hat wohl eine besondere Anziehungskraft bei Sammlern und schon öfter mal "Beine" bekommen.

Später finde ich noch folgenden Hinweis im Internet: Ironically, the exact location of The Kid's grave in the graveyard isn't known. A flood washed away the wooden tombstone not long after Billy's death, and the current grave site is just a guess (www.roadsideamerica.com/story/2169). Na gut! Nebenan kann man hier noch die letzte Ruhestätte von Lucien Bonaparte Maxwell bewundern. Der Name sagt uns zwar nichts, aber es soll sich zu seiner Zeit, er lebte von 1818 - 1875, um einen der größten Grundbesitzer Amerikas gehandelt haben (www.wikipedia.org/wiki/Lucien_Maxwell).

Da wir nun schon mal hier sind, wollen wir uns auch noch das Indianermuseum ansehen, welches uns über den Trail of Tears nähere Auskunft geben soll und von den Indianern selber betrieben wird (nähere Informationen unter www.nps.gov.) Leider ist es aber Montag und Dienstag geschlossen. Wir machen vor dem verschlossenen Tor eine kleine Pause.

Unser nächstes Ziel ist die "Weltstadt" Roswell. Wir durchfahren sie bis zum südlichen Ende und gelangen dann zum UFO Museum and Research Center (10.2). Warum haben sich die Aliens ausgerechnet diese gottverlassene Gegend für einen Besuch ausgewählt? Aber wir haben schon gelernt, entweder abgelegen oder mitten in New York. Wir bummeln durch die Ausstellung und lesen alte Zeitungsartikel über die Landung der fliegenden Untertasse am 8. Juli 1947, die die Welt, oder doch zumindest Roswell, für immer verändert hat. Believe it or not!

Besonders lustig finde ich die Karikaturen über die Aliens, wenn z. B. einer den anderen bei einer drohenden Bruchlandung dazu auffordert, die Air-Force-Dummies abzuwerfen, damit man den Menschen nicht selber in die Hände fällt.

Ein kurzer Bummel über die Hauptstraße bestätigt unseren Eindruck, dass sich hier alles nur um Aliens dreht (und um Touristen!). Wir nutzen Roswell noch zum Tanken, dann fahren wir wieder in die Wildnis. Unser Ziel ist der Bottomless Lakes State Park (10.3), den wir schon fast bei Dunkelheit (10.4) erreichen. Wir machen eine „Self-Registration" und suchen uns dann den schönsten Platz aus. Am Abend entspannen wir bei Bratwürstchen und Kartoffelsalat.

Der Campground im Bottomless Lakes State Park

10.1

Immer wieder konnten wir auf unseren Reisen fest-stellen, dass die Amerikaner sehr hilfsbereit sind. So wurde für uns schon einmal eine Werkstatt am Sonn-tag geöffnet, weil wir einen Platten (flat tire) hatten, und die Reparatur fand dann inmitten des vollständig versammelten Stammtisches statt. Oder ein Autofah-rer machte einen meilenweiten Umweg für uns, um uns an unser Ziel zu geleiten, nachdem wir die Orien-tierung verloren und an einer Tankstelle nach dem Weg gefragt hatten. Dabei lag unser Ziel noch nicht einmal in seiner Fahrtrichtung. Wenn Sie also Hilfe benötigen, fragen Sie einfach.

10.2

Erst seit 1980 wird der Absturz eines angeblich außer-irdischen Flugobjekts (UFO) als Roswell-Zwischenfall bezeichnet. Diese Theorie stammt aus Presseberich-ten über eine "fliegende Untertasse" vom 8. Juli 1947, deren Fund die United States Army gemeldet habe. Diese erklärte dazu am selben Tag, bei Roswell ge-fundene Trümmer gehörten zu einem abgestürzten Wetterballon mit einem Radarreflektor. Ein Buch von Charles Berlitz und William L. Moore machte den ver-gessenen Vorfall als Roswell-Zwischenfall 1980 welt-weit bekannt. Es begründete die Verschwörungstheo-rie, die US-Regierung habe damals ein außerirdisches Raumschiff und Leichen außerirdischer Lebewesen ("Aliens") gefunden, heimlich untersucht und halte sie bis heute versteckt. Nähere Informationen findet man unter www.roswellufomuseum.com.

10.3

Dieser State Park ist ca. 17 Meilen von Roswell entfernt. Wer nach dem Trubel der Touristenmassen in der Hauptsaison ein abgeschiedenes Plätzchen sucht, ist hier bestens aufgehoben. Allerdings ist der Platz nicht sehr groß, frühes Kommen sichert also (gute) Plätze.
Nähere Informationen unter www.emnrd.state.nm.us. (Diese Wahnsinnsabkürzung steht übrigens für Energy, Minerals an Natural Resources Department, State of New Mexico). Für erste Informationen reicht es aber schon, den Namen zu googeln.

10.4

Hier noch ein ganz lapidarer Hinweis. Im südlichen Teil der USA wird es schnell dunkel, es gibt keine lange Dämmerung. Deshalb rechtzeitig einen Campground ansteuern (oder im Dunkeln einen KOA an der Interstate suchen).

11. Die Kühe in Dexter

So mag ich Camping. Man wacht auf und die Sonne
scheint. Die Wolken von gestern haben sich verzogen. Es ist allerdings immer noch recht kalt. Zum
Frühstück gib es heute mal wieder Rühreier, gleichzeitig habe ich auch ein paar Eier hart gekocht. Ich
frage mich, warum es in Amerika keine hart gekoch-
ten Eier zu kaufen gibt, oder wenn, dann nur schon
gepellte in hässlichen Plastikbehältern, die nicht halb
so lange haltbar sind wie die in der natürlichen Schale
(und auch nicht so appetitlich aussehen - finde ich).
Ich vermute mal wieder eine Attacke der FDA (11.1).
Während ich die Rühreier mache, fängt es plötzlich an
zu qualmen, die Mikrowelle hat die Cinnamon Sticks
(11.2) in ungenießbare schwarze Holzstücke verwan-
delt und unseren RV in eine Räucherkammer. Alle
Fenster sofort auf!!
Heute ist mal wieder Dumpen angesagt, aber da sind
wir schon fast Profis, es geht schnell und schon ein
paar Minuten später sind wir im Visitor Center. Dort
treffen wir auf Ben. Er freut sich sehr, dass wir vorbei-
schauen, eigentlich hat er uns sogar erwartet, denn er
hat unser Eintreffen gestern Abend auf dem
Campground beobachtet (der Andrang in diesem Park
ist um diese Jahreszeit nicht so groß). Ben arbeitet
mal in diesem Park, mal in einem anderen. So komme
er in seinem Alter noch ein wenig in der Welt herum,
meint er. Dann erläutert er uns, warum dieser State
Park so heißt, wie er heißt. In früheren Zeiten haben
die Cowboys ihre Lassos mit einem Gewicht am Ende
ins Wasser gelassen, um die Tiefe festzustellen. Bei
den Bottomless Lakes sind sie nicht auf den Grund

gekommen - daher bottomless. Heute wird hier sogar Flaschentauchen betrieben (scuba diving). Auch in diesem State Park treffen wir wieder auf das CCC, das hier einige der ersten Anlagen, wie z. B. Campsites gebaut hat.

Wir fahren die sechs kleineren Lakes einen nach dem anderen ab (bis auf den Figure Eight Lake, den lassen wir aus, weil wir ihn schon vom daneben liegenden See ausmachen können und er sich nicht von den anderen unterscheidet) und bewundern ihre Farbe. Sie liegen so schön zwischen den roten Felsen. Über uns kreisen die Vögel. Alles ist unglaublich ruhig und friedlich. Warum nur müssen allerdings immer einige Idioten etwas ins Wasser werfen? Wir sehen Plastikflaschen und Kaffeebecher. Muss das sein? (11.3)

Nachdem wir den State Park in aller Ausführlichkeit "abgearbeitet" haben, fahren wir nach Dexter (eine weitere "Weltstadt" mit Wasserturm und zwei Straßen). Warum ich sie trotzdem erwähne – weil wir uns in Dexter verfahren. Wir biegen einmal falsch ab und landen wieder in Richtung Roswell. Allerdings bemerken wir diesen Fehler gleich und können schon die nächste Straße wieder nach links abbiegen. Jetzt fahren wir eine Art Kreis. Dabei entdecken wir Viehhaltungsbetriebe in rauen Mengen. Unzählige Rinder in engen Pferchen. Wir finden, Kühe auf einer Open Range haben ein besseres Leben.

Wir durchfahren anschließend Carlsbad, tanken noch einmal voll (das kostet uns nur die "Kleinigkeit" von 50 $, zum einen, weil das Benzin hier ein wenig preisgünstiger ist, zum anderen, weil wir nur sicherheitshalber den nicht ganz leeren Tank auffüllen), dann geht es weiter, allerdings erst einmal ziemlich langsam, denn in Carlsbad wird gebaut. Und wie überall auf dieser Welt behindern Baustellen den Verkehr.

Schließlich landen wir in Whites City, wo wir auf dem einzigen Campground weit und breit einchecken. Dies geschieht in einem an der Straße gelegenen Hotel, der Campground selbst ist noch ein wenig weiter die Straße hinunter. Es ist zwar noch ziemlich früh, aber man kann ja nie wissen – und wir haben keine Lust, bis zum KOA Carlsbad zurückzufahren, der sich zwar Carlsbad nennt, aber fast 20 Meilen vor der Stadt liegt, mithin fast 50 km von den berühmten Höhlen entfernt, unserem eigentlichen Ziel (11.4).

Am Visitor Center der Carlsbad Caverns

So sind wir erst um 14.30 Uhr im Visitor Center des National Parks Carlsbad Caverns – und damit genau 30 Minuten zu spät, um noch durch den natürlichen Eingang eingelassen zu werden (11.5). Es bleibt uns nichts anderes übrig, als den Fahrstuhl zu nehmen. Wir machen uns dann sofort auf den Weg durch die große Höhle.
Aber schon nach für uns unfassbar kurzer Zeit (es ist ca. 16.10 Uhr) werden wir von einer Rangerin wieder eingesammelt und zurückgeschickt, diese Sektion wird jetzt geschlossen, teilt sie uns mit. Sie erklärt uns beim gemeinsamen Zurückgehen noch ein paar Besonderheiten der Höhle, so z. B., dass die Ranger bis in die 90er Jahre die ausgetrockneten Pools wieder

aufgefüllt haben, damit sie besser für die Touristen aussehen. Heute wird dies nicht mehr gemacht, man belässt es lieber natürlich (11.6).

Am Ausgang sehen wir einen Plan der Höhle und uns fällt auf, dass wir den Rundweg bei unserer Geschwindigkeit (wir brauchen immer länger, wegen unserer Fotoleidenschaft) sowieso nicht geschafft hätten. Wir hatten noch nicht mal ein Viertel des Weges hinter uns.

Wir drohen damit, morgen wiederzukommen, und entern erst einmal den Gift Store. Der ist dankenswerterweise noch ein wenig länger auf. Wir brauchen eine SBS (11.7), die wir noch nicht haben, und ein Patch für Claus' Weste. Das haben sich die Caverns verdient. Anschließend fahren wir auf den vorgebuchten Campground. Es ist für unsere Verhältnisse unfassbar früh. Wir beschließen also, heute zu grillen. Allerdings vergeht noch ein wenig Zeit, bevor Claus mit dem Grillen anfangen kann, denn wir bekommen keinen Strom und ich kann die Beilagen nicht heiß machen, denn dafür bräuchte ich heute die Mikrowelle.

Ein freundlicher Nachbar hilft uns, er kennt die Ursache. Da wir uns auf eine "falsche" Campsite (eine für Dauercamper) gestellt haben, brauchen wir für den Stromanschluss einen Adapter. Den gibt es im Hotel-Office. Damit wir nicht mit dem RV hinfahren müssen (die Strecke ist zu Fuß etwas weit), fährt unser freundlicher Nachbar Claus mit seinem Auto hoch. Er kommt mit dem Teil (30 $ Kaution) wieder und dann klappt es auch mit dem Strom. Nach einigen Problemen mit dem Anzünden glühen dann auch die Kohlen auf dem Grill (ich empfehle an dieser Stelle zum Grillen den Kauf von "instant light charcoal", manchmal auch "self-starting charcoal". Diese Kohle ist schon mit Brennflüssigkeit getränkt (lights without using lighter fluid) und brennt viel schneller. Das Steak ist sehr schmackhaft, wenn auch etwas zäh.

Als uns nach dem Essen die Mücken heimsuchen, flüchten wir in unseren RV und versuchen (mit Erfolg), dem Internet ein paar Informationen abzuringen. Gegen 21 Uhr ist aber schon Zapfenstreich.

11.1

Die FDA (Food and Drug Administration) ist die Behörde, die auch für die Lebensmittelüberwachung zuständig ist. In Deutschland ist sie allerdings eher bekannt als Arzneimittel-Zulasssungsbehörde der USA. Sie ist ein Teil des Gesundheitsministeriums. Warum fallen mir dabei Eier ein - ach ja, wir haben in den USA noch keine hartgekochten Eier in der Schale gefunden. Dafür gibt es aber andere Besonderheiten, so z. B. die sogenannten Egg Beaters in Tetrapacks. Es handelt sich dabei um eine Art fertige Rühreier in verschiedenen Geschmacksrichtungen, z. B. mit Käse oder Southwestern Style (mit Paprika). Vielleicht macht Ihnen die Beschreibung auf der Walmart-Internetseite Appetit (vielleicht gehen Sie diesem Angebot aber auch, wie wir, aus dem Weg).
"Experience a southwestern kick. Made with all natural egg whites, Egg Beaters Southwestern Style Real Egg Product has the vitamins and minerals you want from a shell egg plus red and green peppers, onions, and a mix of spices for a satisfying breakfast." (walmart.com).

11.2

Cinnamon Sticks, oder, wie der korrekte Name lautet, Cinnamon French Toast Sticks, kann ich dagegen nur wärmstens empfehlen. Zu finden sind sie in der Tiefkühlabteilung. Wir bevorzugen die Marke Great Value von walmart (vergleichbar mit der weißen Ware in Deutschland - einfach und preiswert). Sie sehen schon, wir haben unseren Geschmack mittlerweile auch ein wenig amerikanisiert.

11.3

Ein paar Worte zum Thema Sauberkeit. Da hat sich unserer Meinung nach in den vergangenen Jahren einiges getan. Die Straßenränder an den Interstates sind durch das Programm "Adopt a Highway" deutlich sauberer geworden. Vereine und andere Organisationen adoptieren ein Stück Highway und halten es, unabhängig von der staatlichen Müllreinigung, sauber. Als Gegenleistung dürfen sie eine Reklametafel mit ihrem Namen aufstellen. Vielleicht fallen Ihnen ja bei Ihrer Fahrt manchmal Freiwillige am Wochenende auf, die Müll einsammeln. Oder Sie sehen Unmengen von Plastiktüten am Straßenrand stehen, die auf das Einsammeln durch ein Fahrzeug warten. Ich denke, wer einmal selber gesammelt hat, überlegt es sich zweimal, etwas aus dem Auto zu werfen. Außerdem sind die Strafen für "Littering" (Verunreinigung der Straße) sehr hoch. Ende der 80er Jahre, bei unseren ersten Besuchen in den USA, waren die Interstates noch genauso dreckig wie heute teilweise die deutschen Autobahnen. Raststätten an den Interstates sind sehr sauber, allerdings gibt es sie nur vereinzelt.

11.4

Verlassen Sie sich nicht nur auf die Bezeichnung oder den Namen eines Campgrounds. Diese können nach einer Stadt benannt sein, die dann, wie hier, fast 20 Meilen entfernt ist. So werden Touristen angelockt. Versuchen Sie, vorher die Lage genau zu bestimmen, oder, wenn Sie in der Nebensaison fahren, buchen Sie nicht vorher, sondern schauen vor Ort, was es so gibt. Campgrounds sind in den USA weit verbreitet und von den Abfahrten der Interstates immer gut ausgeschildert und leicht zu finden.

11.5

Man kann die Carlsbad Caverns auf zwei Wegen betreten: mit dem Fahrstuhl oder zu Fuß durch den "natürlichen" Eingang. Die Öffnungszeiten variieren um 1,5 Std., weil der Weg durch den natürlichen Eingang entsprechend länger ist, was wir aber vorher nicht wussten. Informationen (auch über die Öffnungszeiten) unter nps.gov. Warum halte ich mich eigentlich nicht an meine eigenen Hinweise? Vorabinformationen sind immer nützlich (!).

11.6

Die Behandlung der Natur in den National Parks hat sich da in den letzten Jahren entscheidend verändert. Hat man früher die Natur eher für die Touristen "hergerichtet", so wird heute alles möglichst natürlich belassen.

11.7

SBS ist meine Abkürzung für "The Story Behind the Scenery". Dies sind Hefte, die man in allen größeren Nationalparks bekommt. Sie sind aus meiner Sicht sehr informativ und schön gemacht, leider aber ein wenig in die Jahre gekommen und nicht mehr überall auf dem neuesten Stand (das Überarbeiten scheint eine Preisfrage zu sein). Es gibt mittlerweile (Stand 2012) 85 Hefte dieser Serie, dazu noch 21 weitere, ähnlich gemachte Hefte mit dem Titel "In Pictures - Nature's continuing Story". Eine Gesamtaufstellung findet man im Internet unter www.kcpublications.com. Ich bin hier der Sammelleidenschaft erlegen. Mein Mann sammelt lieber Aufnäher für seine Wanderjacke.

12. Bei den Hippies

Kaum zu glauben, wir stehen tatsächlich im Urlaub mit Wecker auf. Und zwar schon um 6.30 Uhr. Frühstück besteht heute nur aus Kaffee, dann geht es los. Zuerst bringen wir den Adapter wieder zur Hotelrezeption, dann fahren wir bergauf zum Visitor Center und sind fast pünktlich um 8.45 Uhr da, nur eine Viertelstunde nach Öffnung. Wir erkundigen uns schnell nach dem Weg zum natürlichen Eingang und schaffen es dabei, uns auf einer Strecke von 50 m zu verlaufen. In unserer Eile haben wir dem Ranger nicht richtig zugehört und eine Abzweigung verpasst. Hier geht es nur zum Wohnbereich der Ranger, also umdrehen, einen anderen Weg nehmen und ab geht es in die Tiefe. Am Höhleneingang empfangen uns unendlich viele Schwalben, die auch in der Höhle wohnen. Schnell wird es kälter und dunkler. Und dann beginnt unsere Fotoorgie. Ich bin dankbar für meinen kleinen Gorillapod (12.1), allerdings hat er auch einen Nachteil. Da ich ihn nur am Geländer festmachen kann, muss ich jedes Mal in die Knie gehen. Am Ende des Tages habe ich so ca. 290 Kniebeugen gemacht. Ich bin mal gespannt, ob ich mich morgen noch bewegen kann. Wir schaffen den Weg hinunter "schon" in 2,5 Stunden. Gegen Mittag sind wir wieder im Big Room. Dort hatten wir gestern den ersten Rundgang begonnen, denn hier kommt der Fahrstuhl von oben an. Wir suchen erst einmal die Restrooms auf, dann machen wir eine kleine Lunchpause im Imbiss unter Tage. Es gibt eine Portion Kartoffelsalat und einen großen Joghurtbecher, dazu unser eigenes Wasser.

Der Kartoffelsalat kostet 2,95 $, der Joghurt 3,95 $. Neben uns sitzt eine Familie, die mitgebrachte Lunchpakete verzehrt.

Wir sind nun gestärkt und machen uns auf den Rundweg um den Big Room. Wir hatten die Vorstellung, das Teilstück, welches wir gestern schon abgelichtet haben, heute etwas schneller zu bewältigen, aber was heißt schon schneller bei den vielen unterschiedlichen Formationen. Es dauert eben so lange, wie es dauert – und es dauert. Wir passieren die Hall of Giants, das Doll's Theatre und das Chinese Theatre und wie die Formationen noch alle heißen.

In den Carlsbad Caverns

Unterwegs treffen wir ein Ehepaar mit seiner jüngeren Tochter aus Deutschland. Sie waren bereits öfter in den USA weil die ältere Tochter in Oklahoma City wohnt. Diesmal bleibt ihnen nach dem Besuch in Oklahoma City nur eine Woche für ihre Rundreise. Deshalb haben sie für die einzelnen Sehenswürdigkeiten nicht viel Zeit. Wir machen noch schnell ein Erinnerungsfoto von ihnen - und schon sind sie auf dem weiteren Rundweg entschwunden. Gegen 14 Uhr haben wir es dann endlich auch geschafft. Wir haben die gesamte Höhle erkundet. (Das stimmt sicher nicht so ganz, mit einer geführten Tour kommt man auch noch in Teile der Höhle, die man auf eigene Faust nicht erkunden kann. Wir haben gehört, dass die Kings Palace Tour sehr schön sein soll. Eigentlich machen wir auch gerne geführte Touren, man lernt auf diesen Touren immer eine Menge und sieht sehr viel, aber hier haben unsere Zeitpläne und die des National Park Service einfach nicht zusammenge-passt). Die Ranger am Eingang erzählen uns auf Nachfragen noch, dass die "Bats", die berühmten Fledermäuse, noch nicht aus ihrem Winterquartier in Mexico aufgetaucht seien, sie seien aber auf dem Weg (nützt uns aber auch nichts).

Weiter geht es nun in Richtung El Paso. Auf dem Weg dorthin passieren wir noch den Guadalupe Mountains National Park. Im Visitor Center sehen wir uns die obligatorische Diashow an, die allerdings mit einer fürchterlichen Musik unterlegt ist. Dem National Park "mangelt" es an Straßen, man kann nur unendlich viele Wege wandern. Dazu haben wir aber weder Zeit noch Lust. Also geht es weiter, obwohl die Diashow doch gesagt hatte, dies sei kein Park „to rush through" (12.2).

Nun geht es 110 Meilen auf der Route 180 durch Nichts, und ich meine wirklich, durch Nichts. Natürlich gibt es um uns herum Natur, sogar eine ganze Menge davon, aber sonst kein Haus, kein Wasserturm, kein Zaun - eben - Nichts! (No services next 100 miles!) Wir sind meiner Erinnerung nach noch nie eine so lange Stecke ohne Services gefahren. Allerdings ist die Strecke nicht gerade wenig befahren. Es überholen uns sogar Trucks und noch dazu in einer unglaub-lichen Geschwindigkeit. Als es ein wenig in die Berge geht, sehen wir einen davon eine Stunde später ziem-lich ramponiert am Straßenrand wieder. Hier haben sich bei einem Unfall mehrere Trucks ineinander ver-keilt. Polizei und Rettungswagen sind schon vor Ort.

Wir fragen uns nur, wo die so schnell hergekommen sind. Unser Ziel ist der Hueco Tanks State Park & Historic Site (12.3).

Das Office des Hueco Rock Ranch Campgrounds mitten im Nichts

Wir sind gerade noch pünktlich da (meinen wir), denn die Straße wird um 18 Uhr geschlossen – und sie ist noch offen. Womit wir nicht gerechnet haben, ist, dass der Campground schon um 17 Uhr abgeschlossen wird. So haben wir keine Chance mehr. Die Rangerin erklärt uns, wir könnten noch auf der Hueco Rock Ranch einen Stellplatz bekommen: „It's primitive, but it's camping!", meint sie. Und sie hat Recht. Wir landen nach einigem Suchen und dem Verfolgen von handgemalten Schildern in so einer Art Hippie-Kommune (12.4). Jedenfalls sieht es aus unserer Sicht so aus. Die Campsite hat nichts, d. h. keine Anschlüsse (das Wort „nichts" habe ich heute schon ziemlich oft benutzt), aber einen wunderschönen Sonnenuntergang. Und einen perfekten Internet-Zugang.
Wir essen noch eine Kleinigkeit und widmen uns dann dem Sonnenuntergang über der Wüste. Im Radio läuft

leise ein Country-Sender (den Mexikaner, der losbrüll-
te, als ich das Radio angemacht habe, habe ich gleich
abgeschaltet, man merkt, wir sind in der Nähe der
mexikanischen Grenze), ab und zu wird die Stille vom
Klicken des Kameraverschlusses unterbrochen.

12.1

Der Gorillapod der Firma joby (Abbildungen unter www.joby.com) ist ein leichtes Stativ mit flexiblen Beinen, welches es in verschiedenen Größen gibt, geeignet vor fast alle Kameratypen. Man kann ihn nicht nur aufstellen, sondern auch überall anklemmen, was ihn aus meiner Sicht besonders für den Einsatz in der Natur geeignet erscheinen lässt.

12.2

Der Guadalupe Mountains National Park ist ein ausgesprochenes "Hiker's Paradise". Er umfasst ca. 80 Meilen Wanderwege (www.nps.gov/gumo/). Er ist also wirklich ein Park, der "erlaufen" werden will. Wir haben allerdings für längere Wanderungen leider (mal wieder) keine Zeit (oder nehmen sie uns nicht!).

12.3

Nähere Informationen finden Sie unter www.tpwd.state.tx.us/state-parks/hueco-tanks. Da wir schon vor Ort sind, machen wir mal wieder einen entscheidenden Fehler und informieren uns nicht ausreichend. Oder sollte man sagen, wir fragen der Rangerin kein Loch in den Bauch, weil wir einfach nicht auf die Idee kommen, dass dieser Parkzugang stark reglementiert ist? Vielleicht sind wir ja auch der Idee erlegen, die Rangerin könnte von sich aus informieren - da haben wir in diesem Fall falsch gedacht. Dies soll sich noch rächen.

12.4

Es ist absolut keine Hippie-Kommune. Da spricht nur das Alter aus mir. Die Ranch ist im Besitz des American Alpine Club und von dort aus werden Klettertouren organisiert. Seit kurzem sind auch Reservierungen möglich unter folgender Anschrift: www.americanalpineclub.org/p/hueco_rock_ranch.

13. Karfreitag, der 13.

Was soll man von einem Freitag, dem 13. (Urlaubs-)Tag, erwarten? Wir sind nach einem gemütlichen Frühstück schon ziemlich früh (meinen wir!!!) auf dem Weg zum Hueco Tanks State Park.

Als wir dort ankommen, reiht sich schon eine Schlange von Autos vor uns auf. Wir steigen aus und wollen eine Eintrittskarte kaufen. Daraufhin teilt uns die Rangerin mit (dieselbe von gestern Abend), dass der Park schon ausgebucht sei. Man ließe nur eine bestimmte Zahl an Besuchern gleichzeitig in den Park, um die historischen Felszeichnungen besser schützen zu können. Hätte sie uns das nicht schon gestern sagen können, dann wären wir heute Morgen sicher noch ein wenig früher aufgestanden (ich bin "ein ganz klein wenig" angesäuert! Diese Info hätte sie uns doch auch gestern geben können - was meinte sie denn, was wir hier im Nichts wollten - primitive camping??!) (13.1)? Man könne jedoch noch bis 10 Uhr warten, wenn dann die angemeldeten Besucher nicht erschienen seien, habe man als Nachrücker noch eine Chance. Da ich mittlerweile den Prospekt gelesen habe (!) und dieser ziemlich interessant klingt, beschließen wir, dies zu tun. Als uns ein Ranger dann aber um 10.30 Uhr mitteilt, dass nur noch drei Plätze frei sind und die Familie vor uns schon aus 5 Personen besteht, bin ich doch ziemlich sauer. Da hätten sie doch gleich sagen können, dass sie nur noch auf drei Personen warten, die bis 10 Uhr noch kommen sollen, dann hätten wir gleich gewusst, dass wir heute keine Chance mehr haben. Um 10.45 Uhr sind wir dann (endlich) auf dem Weg nach El Paso. Hier lockt uns der Mission Trail, ein Weg, der zu drei unterschiedlichen Missionskirchen führt. Nach einigen Problemen findet auch TOMTOM den Weg. Zuerst landen wir an der Mission Socorro. Hier sehen wir eine Menge Menschen auf dem angrenzenden Friedhof. Wir vermuten erst eine Beerdigung, bis uns klar wird, dass es sich um eine Karfreitagsprozession handelt. Die Kirche ist leider geschlossen, wir können nur ein paar Fotos von außen machen. So langsam geht uns auf, dass Karfreitag nicht unbedingt der beste Zeitpunkt ist, um Missions zu besichtigen (13.2).

Mission San Elizario bei El Paso, Texas

Zweite Anlaufstelle ist die Mission San Elizario. Hier scheinen wir gerade nach Ende der Prozession anzukommen. Vor der Kirche sind noch ein paar Kreuze aufgestellt, die gerade abgeräumt werden. Auch diese Kirche ist geschlossen, ebenso wie das angrenzende Museum. Wieder machen wir nur ein paar Fotos von außen, dann fahren wir (ist uns noch zu helfen?) auch noch die dritte Mission, Ysleta, an. Allerdings ist dies mit einigen Problemen verbunden, denn TOMTOM hat so seinen eigenen Kopf. Der Weg, den er uns weist, scheint nicht unbedingt der direkte zu sein. Wir durchfahren einige Nebenstraßen, bis wir uns entschließen, nicht mehr auf TOMTOM zu hören, sondern lieber der Ausschilderung zu folgen. So gelangen wir auf den kircheneigenen Parkplatz. Und wir sind erfreut - hier ist die Kirche offen. So können wir nicht nur Fotos von außen sondern auch von innen machen.

Da heute Feiertag ist (wir haben es endlich kapiert!), denken wir uns, es sei eine gute Idee, in die Innenstadt zu fahren. Damit haben wir recht, denn die Innenstadt ist leer, wir finden ohne Probleme einen Parkplatz direkt neben dem Museum of Transportation. Dieses hat nur ein Ausstellungsstück, eine alte Lokomotive. Drinnen wartet ein einsamer Volunteer auf uns, der uns ein wenig über die Geschichte der Lok erzählt.

Durch El Paso hindurch kämpfen wir uns nun zum Fort Bliss. Dort wollen wir das historische Fort besichtigen. Uns ist aber nicht so klar, dass es sich bei Fort Bliss noch um eine ziemlich große aktive Airbase handelt. Wir müssen bei der Einfahrt unsere Ausweise vorzeigen, dann folgen wir der Ausschilderung (13.3). Wir fahren an mehreren ziemlich modernen Verwaltungsgebäuden vorbei und landen am historischen Fort. Dort ist außer uns niemand. Ich hatte eher an eine Art Museum mit "living characters" (13.4) gedacht. Die Gebäude sind allerdings offen. Wir sehen uns um, tauchen wieder einmal ein in die Geschichte, stehen vor alten Bettgestellen und lassen die Vergangenheit lebendig werden. Anschließend durchfahren wir noch einmal das Gelände auf der Suche nach einem Museum zur Raketengeschichte. Dies ist aber leider nicht aufzufinden (Freitag, der 13. Tag!).

Wir durchqueren aber die Wohnsiedlungen der hier stationierten Soldaten und stellen fest, dass sie sich wie ein Ei dem anderen gleichen. Einzig die Gartendekorationen, auf Englisch "lawn ornaments", bieten eine gewisse Unterscheidungsmöglichkeit. Unser nächstes Ziel ist die Aerial Tramway. Schon der Hinweg lässt uns skeptisch werden, er ist ziemlich schmal. Dann das Hinweisschild, welches uns verrät, dass unser RV zu lang für die Zufahrt ist (Freitag, der 13. Tag!). Sie ist nur gestattet für RVs bis 28 ft. Da sind wir eindeutig zu lang. Und die Straße sieht tatsächlich ziemlich steil aus (13.5).

Wir verlassen nun El Paso und fahren in Richtung Las Cruces. Dort, so meinen wir, ist es einfacher, einen Campground zu finden. Als wir an einem Shopping Center vorbeifahren, kommt uns die Idee, wir könnten heute zur Abwechslung ja mal essen gehen. Den Plan, in ein Fastfood Restaurant einzukehren, verwerfen wir aus verkehrstechnischen Gründen aber schnell wieder. Es erscheint uns zu schwierig, zu wenden, um auf der anderen Seite einen Parkplatz zu bekommen (Freitag, der 13. Tag!). Und dann suche ich auch noch den völlig falschen Campground heraus. Ich übersehe das kleine Wörtchen "Resort", welches einen Hinweis darauf gibt, wie teuer dieser Campground ist. Das Office gleicht der Lobby eines Luxushotels. Allerdings wird uns ein Hot Tub und Wi-Fi versprochen. Für 44,50 $ auch nur angemessen. Da stehen wir nun und fragen uns, was wir mit dem Tag noch anfangen. War da nicht die Rede von einem Hot Tub? Wir packen unsere Sachen zusammen (ich nehme auch gleich noch die Wäsche für die Laundry mit), und schon sind wir auf dem Weg. Claus geht schon mal vor zum Hot Tub, während ich noch die Waschmaschine füttere. Dann komme ich nach. Mir ist allerdings das Wasser zu heiß. Ich setze mich nur an den Rand. Nach kurzer Zeit gehen die angeschalteten Wasserbläschen wieder aus. Ich will Claus einen Gefallen tun und frage ihn, ob ich die Bubbles noch einmal anschalten soll. Gerne! Ach, da ist ja der Knopf, ich drehe, aber es passiert im ersten Moment nichts, muss ich noch einen anderen Knopf drücken?

Vielleicht den da? Drücke ich doch mal - falsche Entscheidung! Ein ohrenbetäubender Lärm bricht los! Ich habe den Alarmknopf erwischt und eine Sirene ertönt, die sich nicht wieder beruhigen will. Was tun? Neben der Sirene hängt ein Telefon. Ich nehme den Hörer ab und wähle die "9". Das ist fast überall die Nummer der Rezeption. Es meldet sich jemand, aber ich verstehe kein Wort. Neben mir brüllt die Sirene weiter. Also hänge ich den Hörer ein und gehe um das Gebäude herum zur Rezeption. Da ist aber keiner mehr (nach 20 Uhr). Also wieder zurück. Schon von weitem höre ich die Sirene kreischen. Warum läuft eigentlich nicht der ganze Campground zusammen? Claus hat mittlerweile bei der Beschallung die Lust am Baden verloren. Er steht neben dem Pool und untersucht die Sirene. Dann hat er die glorreiche Idee, am Knopf zu ziehen. Stille!

Doch baden wollen wir nun nicht mehr. Claus geht zurück in Richtung RV, ich will noch die Wäsche aus der Maschine holen. Als wir auf Höhe der Laundry sind, kommt die Polizei. Ein mexikanisch aussehender Officer in voller Montur entsteigt dem Auto - ich frage mich immer, wie die Polizisten mit der ganzen Ausstattung am Gürtel (Schlagstock, Handschellen, Stabtaschenlampe, Pistole und noch viel mehr) überhaupt noch laufen können - und Claus erklärt ihm, was passiert ist. Ich verfolge die Szene durch das Fenster der Laundry als Stummfilm. Offensichtlich will sich aber der Officer auch von meinem "ordnungsgemäßen Zustand" überzeugen. Er blickt in meine Richtung, ein fragender Blick, ein gehobener Daumen. Erst als ich mit einem Lächeln das Zeichen erwidere, steigt er wieder in sein Auto.

Schön und gut, dass er sich um mich gesorgt hat, aber wenn Claus im Pool ertrunken wäre, wäre jede Hilfe zu spät gekommen - wozu also dieser Alarm?? Um den Abend noch einigermaßen zu retten, setzen wir uns bei einem Glas Wein zusammen und erstellen eine neue Routenplanung (13.6). Einige der Dinge, die wir vorhatten, lassen sich mit unserem Ungetüm nicht bewerkstelligen.

Unser Stellplatz im Hacienda RV Resort in Las Cruces

13.1

An dieser Stelle muss ich es einfach anmerken. Leider ist in den letzten Jahren die Kenntnis einiger Ranger über ihren eigenen Park weniger geworden. Dies liegt sicher zu einem großen Teil daran, dass aufgrund des Geldmangels des National Park Service mehr und mehr Freiwillige oder Aushilfskräfte eingesetzt werden. Auch die Einstellung, und hier meine ich besonders den Servicegedanken, lässt manchmal zu wünschen übrig.

Gut, wir hätten uns mittels Internet informieren können, dass der Zugang zum Park begrenzt ist, aber ein Wort der Rangerin, mit der wir uns ziemlich lange am Vorabend unterhalten haben, hätte auch gereicht. Zur Ehrenrettung sei aber auch gesagt, dass die große Mehrheit der Ranger nach wie vor eine ausgezeichnete Arbeit leistet, immer ansprechbar, freundlich und hilfsbereit ist.

13.2

Wenn Sie sich jetzt fragen, wie man so blind sein kann, kann ich Ihnen im Nachhinein nur zustimmen. Aber denken Sie daran, wir sind im Urlaub, und eigentlich ist jeder Tag ein Feiertag. Da sich auch die Öffnungszeiten der Geschäfte, die für einen Wohnmobilisten wichtig sind (z. B. Walmart oder Albertsons), am Wochenende nicht ändern - sie haben in der Regel an 7 Tagen die Woche 24 Stunden geöffnet (Schild 24/7 beachten) -, kann es schon mal passieren, dass man Zeit und Feiertage vergisst. Außerdem gibt es in den USA Feiertage, die es in Deutschland normalerweise nicht gibt. Diese sollten Sie bei Besuchen größerer Attraktionen einplanen, denn wenn die

Amerikaner selber freihaben, kann es schon mal voller werden. Ein schönes Beispiel ist da der Columbus Day, der Mitte Oktober gefeiert wird, aber nicht immer am gleichen Datum (die Ankunft von Columbus in Amerika war der 12. Oktober 1492). Eine Auflistung der aktuellen Feiertage findet sich unter usa.usembassy.de/feiertage.

13.3

Das Besichtigen einer Airbase oder einer militärischen Anlage in den USA ist normalerweise kein Problem, die meisten sind auf Besucher eingerichtet. Meist reicht das Vorzeigen des Reisepasses am Gate. Bei einigen ist aber auch eine Voranmeldung notwendig (z. B. Edwards Air Force Base in Kalifornien).

13.4

"Living Characters" sind in vielen historischen Forts und Museen zu finden. Die Darsteller arbeiten dort entweder fest angestellt oder als Volunteers und zeigen – historisch korrekt gekleidet - Lebensweisen aus den damaligen Zeiten. Wir haben schon Schmiede bei der Arbeit beobachtet oder einen historischen Kaufladen aufgesucht oder eine alte Druckerei angesehen.

13.5

Zugangsbeschränkungen aufgrund der Länge eines Wohnmobils sollten Sie unbedingt einhalten. Wenn Sie feststecken, müssen Sie das Abschleppen selber bezahlen, und Sie sind mittlerweile erfahren genug, um sich denken zu können, dass die Kosten Ihre Urlaubskasse sprengen.

13.6

Planung ist gut, aber Planung sollte aus unserer Sicht nicht in Stein gemeißelt sein. Ein wichtiger Teil des großen Traums von Freiheit und Abenteuer mit dem Wohnmobil ist für uns die Flexibilität. Wenn es uns irgendwo besonders gut gefällt, bleiben wir dort eben länger. Hier möchte ich eine dringende Bitte einschieben: Versuchen Sie nicht, Amerika in drei Wochen zu entdecken und alles (!) zu sehen. Genießen Sie lieber das, was Sie im Moment erleben. Wenn der Virus Sie infiziert hat, werden Sie sowieso wiederkommen, und wenn nicht, hatten Sie wenigstens einen erholsamen Urlaub.

14. Raketen und Confetti Eggs

Der Morgen beginnt mit einem guten Frühstück, dem Beobachten eines Roadrunners (der Roadrunner oder zu Deutsch Wegekuckuck ist ein Vogel, der in den Wüsten und Halbwüsten der südwestlichen USA lebt) der über den Campground läuft (die Verfolgung mit der Kamera ist erfolgreich), und dem Abstellen des Mülls direkt vor dem RV. Ich hatte gestern schon die Mülltonnen gesucht, aber die gibt es hier nicht, hier kommt die Müllabfuhr ("Resort"!).

Nun fahren wir Tanken. Da Claus immer die günstigste Tankstelle nehmen will, wird dies heute zu einer ziemlichen Rundreise, denn wir müssen mehrmals wenden, um die ausgesuchte Tankstelle anzufahren. Und dann baut uns noch ein SUV ein. Die Leute denken einfach nicht mit - man kann so einen RV nicht auf einer Briefmarke wenden (14.1).

Von einem Freund haben wir den Hinweis auf die White Sands Missile Range erhalten. Dorthin fahren wir jetzt. Der Zutritt ist nicht so ganz einfach, wir begreifen nicht gleich, dass wir die Range nur zu Fuß betreten dürfen. Beinah wären wir über eine Bordsteinkante gebrettert und hätten auch noch auf der falschen Spur gestanden. Aber schließlich gelingt es uns doch, die Range zu betreten. Wir müssen uns nur vom Empfangssoldaten anpfeifen lassen, dass wir den Bürgersteig nehmen sollen (14.2). Bevor sich die Sonne wieder versteckt, machen wir noch schnell die angestrebten Fotos von den (extra für uns vor dem blauen Himmel mit ein paar eingestreuten weißen Wölkchen malerisch) aufgestellten Raketen.

Raketen auf der White Sands Missile Range

Im Museumsgebäude sehen wir uns anschließend die Ausstellung über Wernher von Braun an, die V2 und alles, was so mit Luft- und Raumfahrt zu tun hat. Besonders „niedlich" finde ich allerdings den Ausstellungsteil über die Anweisungen zum Verhalten bei Ausbruch eines Atomkrieges aus den 60er Jahren. Wir werden auch mit entsprechenden Rettungsbomben bekannt gemacht. Das Sanitation Kit, das für 50 Personen ausreichen soll, beinhaltet sorgfältig aufgeführt unter anderem 10 x Toilettenpapier, Servietten, 80 Becher und Deckel und einen Dosenöffner.

Am 30. März 1982 ist das Space Shuttle Columbia hier gelandet, also hängt in einer Ecke eine Commemorative Flag (Erinnerungsflagge), und Kennedy war auch mal hier (am 5. Juni 1963), also ist ihm ein ganzer Raum voller Fotos gewidmet. Nur Claus ist ein wenig enttäuscht.

Er hätte eine V2 erwartet. Schließlich verlassen wir das Museum. Bevor wir weiterfahren, wollen wir noch schnell auf die Restrooms gegenüber. Doch es zeigt sich, dass das, was wir für Restrooms gehalten haben, keine Restrooms sind, es ist eine eigene Ausstellungshalle für die V2.

Na also! Kommen wir doch noch zu unseren Fotos. Restrooms haben wir schließlich im RV.

Weiter geht es nach Alamogordo. Dort wartet das Museum of Science. Es hat sich allerdings gut versteckt. Wir fragen an der Visitor Information am Ortseingang nach, nachdem uns TOMTOM mal wieder im Stich gelassen hat. Dort sind wir nicht die Einzigen, die das Museum suchen. Die Beschreibung der Dame am Tresen ist allerdings auch nicht sehr hilfreich, aber es gelingt uns schließlich aber doch, das Museum zu finden. Wir fahren "auf Sicht" und erkennen das Gebäude am Hang wieder. Die Lage des Museums ist einzigartig. Wir waren schon einmal hier, das ist allerdings lange her, es muss so zwischen 1994 und 1996 gewesen sein. Die Ausstellung ist nicht mehr so beeindruckend, sie hat ihre besten Jahre eindeutig hinter sich. Kann aber auch sein, dass wir in der Zwischenzeit zu viele Ausstellungen über Luft- und Raumfahrt gesehen haben.

Und in das angeschlossene IMAX wollen wir auch nicht, da nehmen wir uns doch lieber noch etwas mehr Zeit für das White Sands National Monument, unser nächstes Ziel an diesem Tag. Eine kluge Entscheidung. Zuerst geht es in das Visitor Center. Wir bummeln auf der Suche nach Informationen ein wenig herum. Auf den Einführungsfilm wollen wir diesmal nicht warten, er läuft erst wieder in einer halben Stunde (14.3). Wir gehen lieber in den Innenhof und Claus macht von diesem sehr schönen Hof ein Foto, als ihn eine Dame anspricht, was er denn da fotografieren würde. Er deutet auf die Gebäude und sie entfernt sich kopfschüttelnd. So was fotografiert man hier? Das National Monument ist ziemlich bevölkert, was ja auch kein Wunder ist, schließlich ist Ostersamstag. Wir haben so unsere liebe Müh und Not damit, Bilder ohne Menschen hinzubekommen, oder gar ohne Spuren von Menschen im Sand (pardon - im Gips!).

Family Fun auf den weißen Gipsdünen des White Sands National Monument

Aber letztendlich bieten auch die Menschen gute Fotomotive. Überall sind Familien unterwegs. Kinder rutschen auf Schlitten die Dünen hinunter und ältere Leute sitzen im Schatten und beobachten das bunte Treiben. Wir machen wieder einmal mit einem uns unbekannten Brauch Bekanntschaft. Auf einem Schild ist der Gebrauch von "Confetti Eggs" untersagt. Sie würden einen Haufen Müll hinterlassen (14.4).
Wir fahren einmal den Rundweg entlang und bummeln ein wenig über einen Boardwalk. Auf den Hinweisschildern informieren wir uns über die hier ansässigen Pflanzen. Um 18.30 Uhr sind wir dann pünktlich an der Sammelstelle für den Ranger Talk (14.5). Die Rangerin ist aus Michigan, d. h. sie spricht ein gut verständliches Englisch (14.6). Wir lernen viel Neues, unter anderem die Sache mit dem Gips. Da die Dünen aus Gips bestehen (und nicht aus Sand), werden sie im Sommer nicht so heiß, der Grund, warum man so gut auf ihnen herumtollen kann. Außerdem passen sich die Tiere der weißen Farbe an, weshalb es hier

ganz außergewöhnliche Arten gibt. Wir erfahren, dass die Yucca, um zu vermeiden, dass ihre Art ausstirbt, ihre Samen über die Wanderdünen hinweg wirft, wenn sie von diesen „überrollt" wird. Wir sehen in den entfernten Bergen das südlichste Skigebiet der USA (wir meinen sogar, noch ein wenig Schnee ausmachen zu können). Die Straßen im National Monument sind nicht gepflastert, da die Dünen sie überrollen. So fahren wir nur auf festem Gips. Und die Shelter (Schutzhütten) sind auch nicht fest einbetoniert, sondern werden immer mal wieder versetzt.

Als auch noch die Sonne hervorkommt und ihre Strahlen auf die Dünen wirft, ist unser Glück vollkommen. Am liebsten würden wir uns in den Gips werfen und den Sonnenuntergang genießen. Viel zu schnell geht der kleine Walk zu Ende.

Im Dunkeln geht es dann zurück nach Las Cruces. Die Fahrt kommt uns gar nicht so lang vor. Wir finden diesmal einen anderen Campground, der viel schöner und auch noch billiger ist (wer braucht schon ein Resort?). Wir bedauern es nur ein wenig, dass wir diesen schönen Campground nicht schon gestern gefunden haben (14.7). Wir müssen heute mal wieder einen Night-Check-in machen, aber das ist kein Problem. Claus macht allerdings ein Problem daraus, denn er hat gelesen, dass der Platz Wi-Fi hat, aber nun kann er keinen Code bekommen. Dabei hat er übersehen, dass der Code ganz fett auf unserer Quittung aufgedruckt ist - die lassen doch hier ihre Touristen nicht alleine (und schon gar keine Amerikaner ohne Wi-Fi!).

14.1

Natürlich ist es auch hilfreich, wenn man selber beim Parken daran denkt, dass man einen erheblich größeren Rangierabstand braucht als mit einem normalen PKW. Wir parken auch schon mal etwas weiter vom Eingang entfernt.

14.2

Nähere Informationen und auch Sicherheitshinweise zu White Sands finden sich unter www.wsmr-history.org. Über das Museum of Science in Alamogordo finden sich Hinweise unter www.nmspacemuseum.org.

14.3

Visitor Center von National Parks sind für uns eine ungeheuer wichtige Informationsquelle. Wir informieren uns eigentlich immer am Anfang unseres Besuchs dort. Die meisten Visitor Center bieten neben einer Ausstellung auch einen Film oder eine Diashow an. Diese sind meist sehr beeindruckend, da sie den Park auch zu verschiedenen Jahreszeiten zeigen können. Haben Sie schon einmal Bilder von Schnee im Death Valley gesehen? Meist läuft so ein Film alle halbe Stunde, manchmal muss man aber auch fragen und wir haben es nicht selten erlebt, dass der Film dann nur für uns angeschaltet wurde.

14.4

Confetti Eggs sind ausgehöhlte Hühnereier, die mit Konfetti und kleineren Spielzeugen gefüllt sind und geworfen werden. Ursprünglich stammen sie aus China, haben sich dann aber über Spanien und Mexico in die heutigen südlichen USA verbreitet. Sie wurden früher im Karneval benutzt, sind heute aber ein populärer Osterbrauch.

14.5

Ranger Talks oder auch sogenannte Interpretive Programs sind Veranstaltungen in einem National Park, meist in freier Natur. Dabei erläutern Ranger oder Volunteers einen bestimmten Aspekt des Parks. So bietet das White Sands National Monument im Sommer 2013 unter anderem geführte Vollmondwanderungen, Sonnenuntergangsspaziergänge oder kleine Vorträge auf der Veranda des Visitor Center an.

14.6

Warum ich das erwähne? Zweifeln Sie nicht gleich an Ihren Englischkenntnissen, wenn Sie die einheimische Bevölkerung nicht verstehen. Fragen Sie ruhig nach. Manchmal hilft auch ein wenig Intuition. Denken Sie an Ihren Englisch-Lehrer, der sich soviel Mühe damit gegeben hat, Ihnen eine korrekte Aussprache beizubringen, und stellen Sie sich vor, Sie hätten Deutsch gelernt und würden in Bayern einem Einheimischen begegnen - alles klar?

14.7

Es sei noch einmal deutlich gesagt, dass alle Einschätzungen der Campgrounds rein subjektiv sind und nur unsere persönliche Meinung wiedergeben. Außerdem sind meine Aussagen auch von zeitlich begrenzter Dauer. Wie so manches, ändern sich auch die Zustände auf Campgrounds. Ein neuer Eigentümer, ein neuer Host - wir haben es schon erlebt, dass ein Campground, den wir in sehr guter Erinnerung hatten, bei einem neuerlichen Besuch nicht mehr empfehlenswert war, andererseits haben wir auch schon positive Überraschungen erlebt.

Unsere Empfehlung für eine Übernachtung in Las Cruces, New Mexico, ist diese: www.siestarvpark.com.

15. Ostersonntag

Heute ist lange ausschlafen angesagt. Wir haben uns gestern im Internet erkundigt und erfahren, dass der Gottesdienst in Mesilla, einem Stadtteil von Las Cruces, erst um 11 Uhr beginnt. Wir machen uns fein (hier kommt mein Hosenrock aus Hot Springs zu seinem Einsatz) (15.1), frühstücken und fahren in den Ort hinein. Wir kommen gerade noch rechtzeitig, um einen ausreichend großen Parkplatz für unser RV zu ergattern und für uns einen Sitzplatz in der Kathedrale. Während wir auf den Beginn der Messe warten, geht der Pfarrer durch die Reihen und begrüßt jeden Besucher persönlich. Er scheint sie alle zu kennen. Dieser Eindruck wird bestätigt, als er bei uns ankommt und sofort erkennt: "Euch kenne ich nicht. Wo kommt ihr her?" Aus Germany - great!

Bevor er dann mit der Messe beginnt, gibt er bekannt: „Die Messe wird ca. 1 Stunde dauern, ich hoffe, das haltet ihr durch. Bitte schaltet noch Eure Handys aus und schluckt die Kaugummis runter. Auch wenn es erst 5 vor 11 Uhr ist, die Kirche ist voll - ich denke, wir können anfangen."

Das kann ja heiter werden. Wird es auch. Während der Messe werden zwei Kinder getauft und mit Applaus in der Gemeinde willkommen geheißen, erst danach gibt es das Taufkleid. Vor dem Verteilen der Kommunion bittet der Pfarrer dann noch darum, die Türen zu öffnen: "Es ist heiß hier drin und crowded (überfüllt, voll). Nicht, dass mir noch einer umkippt."

Wir sind begeistert (15.2).

Beim Verlassen der Kirche schüttelt er dann noch einmal jedem Besucher die Hand und will von uns wissen, was "Happy Easter" auf Deutsch heißt. Nachdem wir es ihm erklärt haben, wünscht er uns "Frohe Ostern".

Die San Albino Church in Mesilla am Ostersonntag

Mit göttlichem Segen versehen und wegen der Hitze wieder umgekleidet (jetzt kommt wieder die kurze Hose zum Einsatz), machen wir uns auf zu einem Bummel um die Plaza. Einige Geschäfte sind (wegen des Feiertages) geschlossen, die meisten sind aber (wegen der Touristen) geöffnet. Langsam bekommen wir Hunger, und die hübschen Blumen und die verführerische Speisekarte am Eingang locken uns zu Josefina's, einem kleinen Lokal, in dem wir viele Kirchgänger wiedertreffen. Dort essen wir eine Kleinigkeit. Ich wähle gefüllte Auberginen und Claus hat irgendetwas mit Huevos (Eiern). Während wir auf unser Essen warten, beobachten wir die Menschen an den Nebentischen. In der hinteren Ecke des Gartens ist eine Familie zusammengekommen. Die Kinder flitzen um die Tische, die Erwachsenen unterhalten sich fröhlich. Ein kleines Mädchen hat zuviel gegessen. Mit einem Schwall kommt der Nachtisch wieder nach oben - Gott sei Dank in einer Ecke nahe der Toilette. Zum Nachtisch gibt es für uns Musik von einer Band, die aus vier älteren Herren besteht. Als sie ihre Instrumente aufbauen, befürchten wir das Schlimmste (was für uns meint, mexikanische Musik), aber sie spielen sehr unterhaltsame Weisen, die gut anzuhören sind.

So langsam nehmen wir nun Abschied von Mesilla. Unser nächstes Ziel ist Shakespeare, eine Ghost Town. Leider erweist sich unser RV auch hier nicht als geländegängig. Wir müssen auf der ungepflasterten Straße stehenbleiben. Da wir uns sowieso ein wenig bewegen wollen, gehen wir die letzten Meter zur Ghost Town zu Fuß. Doch diese ist geschlossen, nicht nur wegen Ostern, sie hat auch sonst nur an einigen wenigen Tagen auf und kann auch nur im Rahmen von Führungen besichtigt werden (15.3).

Nächster Halt ist ein McDonald's. Hier gibt es mal wieder keinen Milchshake (15.4). Wir halten es mittlerweise nicht mehr für einen Zufall, dass der Apparat, der diese seltene Speise zubereitet, kaputt ist. Er scheint einfach in der Säuberung zu aufwändig zu sein. So unterhalten wir uns nun bei der Weiterfahrt mit dem Zählen der Züge, die sich an uns vorbei bewegen oder uns ein wenig begleiten auf unserem Weg bis nach Arizona hinein.

Auf einem Campground in Willcox halten wir schließlich für die Nacht. Auch hier ist kein Mensch im Office (jetzt aber wirklich wegen Ostersonntag). Auch am Montag ist keiner da, und so werfen wir das Geld für die Übernachtung in einem Briefumschlag ein. Dabei müssen wir allerdings um 10 Cents beschuppen, wir haben kein Kleingeld mehr (15.5). Wir bitten die Betreiben an dieser Stelle ausdrücklich um Entschuldigung.

Mal wieder besteht unsere abendliche Unterhaltung im Ändern unserer Route. Wir haben gelesen, dass das Chiricahua National Monument nicht für große

RVs geeignet ist: Recreational vehicles and trailers longer than 29 feet (wir sind 33 feet) are not permitted on the scenic drive beyond the visitor center (www.nps.gov/chir). Außerdem hat es eine stattliche Sammlung von Off-Roads. Also "skippen" (= auslassen) wir das "Wonderland of Rocks" schweren Herzens, aber der weite Umweg lohnt sich nicht nur für den Besuch des Visitor Centers.

Später sitzen wir gemütlich vor der Tür bei Kerzenschein auf unseren Stühlen. Es ist erstaunlich still, keine Interstate ist zu hören, nur ab und zu unterbricht ein "tuuuut" die Stille. Railroad!

15.1

Hier im ländlichen Süden von New Mexico machen sich die Menschen noch richtig fein für den Kirchgang und wir wollen dies, gerade an einem so hohen Feiertag wie Ostern, auch respektieren. Da wir natürlich keine extra Sonntagskleidung in unserer Urlaubsgarderobe haben, reicht eine Jeans mit einem weißen Oberhemd für meinen Mann und der Hosenrock mit einem weißen T-Shirt für mich.

15.2

Wir haben schon öfter die Erfahrung gemacht, dass Gottesdienste in anderen Ländern viel fröhlicher sind, als wir sie aus Deutschland kennen, und nutzen an Feiertagen immer gerne die Gelegenheit zum Kirchgang. Man bekommt so einen wunderbaren Einblick in die Sitten des jeweiligen Landes.

15.3

Nähere Informationen zu den möglichen Besichtigungszeiten findet man im Internet unter www.shakespeareghosttown.com.

15.4

Beteiligen Sie sich an unserer Untersuchungsreihe und teilen Sie uns Ihre Ergebnisse mit. Unsere Erfolgsrate bei Milchshakes bei McDonald's liegt mittlerweile bei immerhin erfreulichen 52 %. Je weiter man dabei in unbewohnte Gegenden vordringt, umso unwahrscheinlicher ist es aber, einen solchen zu bekommen.

15.5

Tipp: Auch wenn Sie fast immer mit Traveller Cheques und Kreditkarten bezahlen können, sollten Sie immer ungefähr 20 bis 30 $ Kleingeld verfügbar haben, am besten einzelne Dollarnoten. Auf manchen Campgrounds ist die Kasse nicht mehr offen, wenn Sie spät ankommen, und Sie wollen doch nicht die Zeche prellen.

16. Boothill und eine rote Ampel

Der Morgen beginnt wie fast immer, frühstücken, tanken, Interstate nach Westen. Nächster Halt - Tombstone.
Gleich am Ortseingang empfängt uns der Graveyard. Da lassen wir uns gerne etwas Zeit und besichtigen einzelne Gräber. Dazu gibt es einen Führer, der ein wenig über die Leute berichtet, die hier beerdigt sind. Auf vielen Grabsteinen ist sorgfältig der Grund des Hinscheidens dokumentiert. "Suicide" (Selbstmord), "murdered und "killed by Apaches" sind dabei ebenso zu finden wie "hanged by mistake" (aus Versehen gehängt) und "shot by Sheriff Behan", aber auch "natural death" ist zu finden, wenn auch vergleichsweise selten.

Auf dem Boothill in Tombstone

Viele Gräber haben aber auch nur einen schlichten Grabstein mit der Aufschrift "unknown". Das Tragen von Waffen ist auf dem Friedhof übrigens nicht gestattet, ein Schild verkündet: NO GUNS, PLEASE - GRAVEYARD IS FULL! (16.1)

Wir fahren nun weiter in den Ort hinein und haben zu unserem Erstaunen keine Mühe, einen Parkplatz zu finden, wir parken einfach am Straßenrand. Hier merkt man deutlich, dass die Saison zu Ende geht. Im Sommer ist es in dieser Gegend doch ziemlich heiß. Wo man allerdings parkt, wenn Hochsaison ist, bleibt uns verborgen.

Zuerst besichtigen wir das Courthouse. Im Hinterhof befindet sich, wie in Fort Smith, ein Galgen. Die Ausstellung im Haus gibt Auskunft über die berühmte Schießerei am 26. Oktober 1881 im O. K. Corral, während der Wyatt Earp und seine Brüder die Cowboys Bill Clanton und Tom und Frank McLaury erschossen (deren Gräber sind auch auf dem Boothill zu finden), über das Leben von Wyatt Earp, Doc Holliday und anderen Größen des Westens. Mir wird dabei nicht so ganz klar, wer hier nun der Gute und wer der Böse war (16.2). Beim anschließenden Bummel durch den Ort werden wir verhaftet (von einem Living Character) und müssen uns freikaufen, indem wir ihm zur Vorstellung in einen Salon folgen. Das Leben im Wilden Westen ist nicht billig, aber wir kommen mit heiler Haut davon, nur unsere Geldbörse leidet. Im Salon folgen wir einer Schießerei zwischen einem Falschspieler und dem Sheriff, werden über die Gesetzgebung im Wilden Westen informiert (die Gerichtsverhandlungen gehen hier rasend schnell) und sehen dem Sheriff nach getaner Arbeit beim Genießen eines Whiskeys zu.

Der Bummel durch den Ort selber zeigt, dass es sich heute bei Tombstone mehr oder weniger um eine Touristenfalle handelt, wenn auch um eine reizvolle. Da uns kein Restaurant so richtig anspringt, machen wir im RV eine kleine Lunchpause, dann zieht es uns weiter in die Wüste. Die Nebenstraße geht ziemlich dicht an der mexikanischen Grenze entlang. Wieder auf dem Highway angekommen, wartet einmal mehr die Border Patrol auf uns. Anhalten, ja, wir sind nur zu zweit im Auto, nein, wir sind keine Amerikaner, wir sind aus Germany, Papiere zeigen, have a safe trip, kennen wir schon. Heute kommt auch keine Frage danach, ob der Hund uns schon abgeschnüffelt hat ("Where is my dog?") (16.3). Ein paar Kilometer weiter hat die Border Patrol eine ganze Menge Fahrzeuge angehalten, alles SUVs. Das sieht nicht mehr ganz so friedlich aus. Die Beamten haben die Gewehre im Anschlag.

Bei den Karchner Caverns erfahren wir, dass alle Touren für heute ausgebucht sind. Also fahren wir weiter nach Tucson und zum Saguaro National Monument East. Bevor wir auch nur einen Schritt nach draußen machen, kommen erst einmal die kurzen Hosen zum Einsatz, es ist warm in Arizona. Im Visitor Center kaufen wir mein Sammelheft "Story behind the Scenery", dann begeben wir uns auf den 8-Mile-Drive (dankenswerterweise "paved", da rüttelt es nicht so und die Tassen klappern nicht so laut im Schrank). Warum finden wir Kakteen eigentlich so schön? Wieder einmal entstehen unzählige Fotos. Da es sich bei der dem Drive um einen Loop handelt, kommt die Sonne aus unterschiedlichen Richtungen und beleuchtet die Kakteen perfekt. Die Wüste hat uns mit ihrem Zauber eingefangen. Die Sonne scheint und es sind unzählige unterschiedliche Kakteen zu sehen. Die Ocotillos blühen wunderschön rot. Unser RV muss wieder einmal als Größenvergleich herhalten. Auf einem kurzen Walk entlang eines Lehrpfads treffen wir ein Ehepaar, das unser Wohnmobil am Parkeingang gesehen hat und es bewundert. Sie möchten von uns wissen, was so eine Kiste kostet. Können wir ihnen leider nicht sagen, wir haben ja nur gemietet.

Wir halten ein kurzes Schwätzchen, dann bummeln wir weiter.

Schließlich stellt sich aber am Ende des Rundwegs auch hier wieder die Frage, wo übernachten?

Wir haben uns entschlossen, doch noch die Colossal Cave (16.4) zu besichtigen, was liegt also näher, als auch dort zu übernachten. Gesagt, getan. Doch als wir dort ankommen, ist der Campground wegen einer privaten Feier geschlossen. Das kann auch nur uns passieren, so langsam glauben wir an Murphy's Gesetz.

Unser Campground Guide gibt nicht soviel her, also versuchen wir es auf gut Glück. Doch warum sollte das ausgerechnet heute klappen? (16.5). Wir fahren durch Vororte, verlieren kurzfristig die Orientierung, TOMTOM ist auch nicht wirklich hilfreich, und dann überfährt Claus auch noch eine rote Ampel - und dann blitzt es!

Unser erstes Vergehen seit 25 Jahren. In meinem Hinterkopf fangen die Dollarzeichen an zu blinken. Was wird uns das kosten (Claus findet später im Internet eine Angabe von 500 $!!!!!! - Doch bisher ist noch nichts gekommen, obwohl wir bei der Rückgabe an der Vermietstation "gebeichtet" haben. Dort mussten wir zu allem Unglück auch noch erfahren, dass eine zusätzliche Bearbeitungsgebühr von 100 $ auf uns zukommt, sollte ein Ticket kommen - Stand 01.06.2012).

Schließlich landen wir doch noch auf einem Campground mit Namen "Mission View". Dies ist eine 55+ Community (16.6). Soweit ist es also schon mit uns gekommen, wir nähern uns erschreckend dem Seniorenalter (ein Camper muss über 55 Jahre alt sein, der andere über 30 Jahre), aber der Service ist hervorragend. Wir werden zur Campsite begleitet, eingewiesen und erhalten eine ausführliche Erläuterung, was hier erlaubt ist und was nicht. Da wir nur eine Nacht bleiben wollen, ersparen wir uns das Durchlesen der (gefühlten) 100 Seiten. Es gibt genaueste Anweisungen über den Besuch von Kindern, wann und wie lange sich diese hier aufhalten dürfen, wie lange sie am Pool verweilen dürfen, wo man seinen Hund spazieren führen darf, aber auch Hinweise für die Freizeitgestaltung (wo ist der nächste Golfplatz, wo das nächste Tennis-Center, wo kann man Ski laufen) und für Dinge des täglichen Lebens (wo ist der nächste Arzt, die nächste Kardiologie, wo der nächste Walmart, wo die nächste Drogerie und der nächste Blumenladen). Es ist an wirklich alles gedacht. Wir packen unseren Grill aus und der Abend ist gerettet. Allerdings sind wir nicht allein, wir haben jede Menge Unterhaltung, denn jeder, der an unserer Site vorbeikommt (die ganze Kolonie macht einen abendlichen Spaziergang), grüßt und hat einen netten Spruch auf den Lippen.

16.1

Eine genaue Auflistung der Gräber samt Inschriften findet man im Internet unter www.boothillgraves.com, weitere Informationen auch auf der offiziellen Website der Gemeinde Tombstone:
www.tombstonechamber.com/Boothill-Graveyard.

16.2

Machen Sie sich selber ein Bild auf Wikipedia. Wer es etwas unterhaltsamer mag, dem sei an dieser Stelle der Film mit Kevin Costner: "Wyatt Earp - das Leben einer Legende" aus dem Jahre 1994 empfohlen.

16.3

Auch wenn es zuerst unangenehm ist, wenn man angehalten wird, wir haben bisher nur freundliche Policemen, State Trooper oder sonstige Hüter des Gesetzes erlebt. Allerdings sind einige Vorsichtsmaßnahmen unbedingt einzuhalten. Sollte hinter Ihnen ein Blinklicht aufleuchten, fahren Sie rechts ran, halten Sie die Hände am Lenkrad und steigen Sie nicht aus. Sie werden merken, dass sich die Situation sofort entspannt, wenn der Officer bemerkt, dass er es mit Touristen zu tun hat, zudem noch mit deutschen Touristen (Amerikaner sind in aller Regel ausgesprochen deutschfreundlich, kennen jemanden, der in Deutschland stationiert war oder ist oder haben deutsche Großeltern oder einen deutschen Schäferhund). Meist endet die Begegnung mit einem kleinen Pläuschchen und einem freundlichen "Have a safe trip!" Erwarten Sie aber bitte keine genauen Ortskenntnisse, wenn

Sie die Frage nach "Which part of Germany?" beantworten. In der Regel reicht ein einfaches: "Near Berlin" (kennt man von Kennedy - "Ich bin ein Berliner") oder "near Frankfurt" (Flughafen) oder "near Munich" (Oktoberfest!!) und seien Sie auch nicht erstaunt, wenn der Officer Sie fragt, ob Sie eine Person Ihres Nachnamens aus Cairo, Missouri (oder sonst woher), kennen.

Besonders in der Nähe der mexikanischen Grenze finden sich viele Kontrollstellen der Border Patrol. Dies liegt daran, dass hier in den letzten Jahren der Drogen- und Waffenhandel massiv zugenommen hat. Daher arbeiten die Beamten häufig mit Spürhunden. Leider machen Banditen eben nicht an der Grenze eines Nationalparks halt.

16.4

Die Website mit näheren Informationen finden Sie unter www.colossalcave.com.

16.5

Auf gut Glück einen Campground zu finden, ist eigentlich ganz leicht. Gute Chancen hat man immer entlang der Interstate. Normalerweise helfen uns bei der Suche Navigationsgeräte oder Campingführer, z. B. der Woodall's oder das Campbook vom AAA. Fragen Sie bei der Anmietung des Wohnmobils nach einem Campground Guide. In der Nähe großer Städte kann diese Suche allerdings auch einige Tücken aufweisen, wenn man nicht gleich die richtige "Campingplatzgegend" findet.

16.6

Nähere Informationen zu diesem Campground finden Sie (sollten Sie über 55 Jahre alt sein) auf der folgenden Homepage: www.missionviewrv.com.

17. Kupfer und Kirchen

Wir frühstücken draußen. Es ist warm und wir haben wieder jede Menge Unterhaltung. Wir beobachten die hier ansässigen Senioren beim Hiken, Biken und Dogwalken. Man will ja schließlich in Form bleiben. Wir dumpen und verlassen den Campground. Eine angenehme Überraschung ist der Preis. Da wir gestern zu spät dran waren, war die Kasse schon geschlossen. Der Campground Host hat uns einfach auf einen Platz gestellt und wir waren froh, angekommen zu sein, und haben nicht mehr nach dem Preis gefragt. So erfahren wir erst heute, dass dieser komfortable Platz nur 22,50 $ gekostet hat, und für mich gibt es noch eine kleine Tragetasche aus Leinen als Andenken und als Zugabe.

Es hat doch so seine Vorteile, wenn man weiß, was es in der Nähe zu sehen gibt. Beim Studium des Reiseführers habe ich die Asarco Copper Mine (17.1) entdeckt. Die zweitgrößte Kupfermine der Welt (die größte ist die Kennecott Mine in Salt Lake City - wenn Sie in der Nähe sind, unbedingt ansehen, die Dimensionen sind umwerfend) können wir uns nicht entgehen lassen. Wir sind pünktlich zur ersten Tour da und haben vorher noch Zeit, den Gift Store zu plündern. Nebenbei informieren wir uns aber auch in der Ausstellung (die nur durch den Gift Store erreichbar ist) über den Kupferabbau.

Mit einem Bus geht es dann auf das Gelände. Unser Guide heute ist hauptamtlich als Führer tätig und bei der Kupfergesellschaft selber angestellt, da es sich um eine operierende Mine handelt. Er hat vorher lange selbst in der Produktion gearbeitet und kann interessante Dinge erzählen. Für die Führung braucht er übrigens kein Mikrophon. Er erzählt uns, dass seine Frau ihn zu Hause immer bittet, leiser zu sprechen - er sei nicht mehr auf seinen Führungen. Erst in Relation zu den riesigen Trucks werden die Dimensionen der Anlage deutlich. Wir sehen uns die Abbaufläche an und gehen dann in eine Halle, in der das Kupfer mit Säure gekocht wird, um es von Unreinheiten zu befreien. Der Führer erzählt auch, dass es danach noch Hunderte von Meilen in andere Anlagen transportiert wird, um den Reinheitsgehalt dort von 99 auf 99,9 % zu steigern. Erst dann werden Leitungen und andere Dinge aus "reinem" Kupfer hergestellt. Er erklärt auch den Unterschied zwischen der Anode und der Kathode in der Kupferverarbeitung. Die Stromrechnung der Mine beträgt übrigens 1,6 Mio. $ pro Monat!! Die riesigen Eisenkugeln werden gebraucht, um das Gestein zu zertrümmern, danach wird das Gestein mit Magneten getrennt. Übrigens enthalten nur 1/3 des Gerölls überhaupt Kupfer, der Rest ist schlicht Abfall.

Nach der Ausbeutung des Bodens wird alles fein säuberlich wieder aufgeforstet und bildet den Grundstein für ein Naturreservat.

Von der reinen Technik geht es jetzt zur hohen Kultur. Wir fahren nach San Xavier del Bac. Diese Kirche mitten in der Wüste wird auch weiße Taube genannt. Sie ist einfach wunderschön und ungeheuer beeindruckend. Und pünktlich strahlt die Sonne aus allen Knopflöchern. Es wird richtig heiß. Ohne Sonnenbrille kann ich nichts erkennen (17.2). Wir machen eine Führung mit, nachdem wir von außen zahlreiche Fotos gemacht haben. Unter unseren Opfern ist diesmal auch eine Gruppe von Nonnen. Wir haben erst etwas Hemmungen, aber nachdem sich die Damen auch untereinander fotografiert haben, geben auch wir "Feuer frei". Die Führung dauert eine ganze Weile, aber wir entdecken viele Details, die uns bisher entgangen sind. Wieder einmal bewahrheitet sich der alte Spruch, dass man nur sieht, was man weiß. Ich wünschte nur, ich könnte mir auch nur einen Bruchteil davon merken.

San Xavier del Bac

Ich zünde eine Kerze neben einem Bild der wahrscheinlich ersten Heiligen der Native Americans an. Das Verfahren läuft gerade in Rom, und die Heiligsprechung der Indianerin soll noch in diesem Jahr erfolgen. (Kateri Tekakwitha wurde am 21. Oktober 2012 von Papst Benedikt XVI. in Rom heilig gesprochen.) Wir können uns in Gedanken die dann hier stattfindenden Feierlichkeiten gut vorstellen. Nach dem Besuch im Gift Store (aus meiner Sicht ein Totalausfall, keine Souvenirs, nur Kerzen und Rosenkränze) besteigen wir den kleinen Hügel neben der Kirche, um die ganze Anlage von oben zu betrachten. Danach ist Picknick angesagt. Im Schatten unseres RV betrachten wir die Kirche und einen Roadrunner, der an uns vorbeiflitzt.
Die Klimaanlage in unserem Auto tut ihre Pflicht, als wir anschließend die Davis-Monthan Air Force Base umrunden. Hier sind Tausende Flugzeuge und

anderes Material aus der ganzen USA eingemottet, wenn sie nicht im Einsatz sind. Das trockene Klima hier minimiert die Rostgefahr. Allerdings kann man von der Straße nicht so viel sehen, wie wir dies in Erinnerung hatten (17.3). Wir kurven noch ein wenig herum, entschließen uns dann aber zu einem Einkauf bei Safeway und zum Tanken.

Danach geht es weiter zum Tucson Mountain Park. Hier wartet der Gilbert Ray Campground auf uns. Wir suchen uns eine Site, stellen mal wieder unsere Stühle raus und genießen die Abendstimmung in der untergehenden Sonne. Camping pur.

17.1

Auf der folgenden Website können Sie sich ausführlich informieren: www.asarco.com
An dieser Stelle muss ich leider zugeben, dass meine Englischkenntnisse ein gewisses Defizit in Bezug auf Fachvokabeln für die Kupferverarbeitung aufweisen, aber die Mine ist aufgrund ihrer Größe unglaublich beeindruckend.
Die Öffnungszeiten des Besucherzentrums ändern sich genauso wie die Tourzeiten. Wir haben die Tour an einem Dienstag gemacht, momentan (Sept.2013) finden Touren nur noch am Samstag statt. Deshalb gilt die Aussage auf der Homepage: Tour schedule is subject to change. Please call for reservations.

17.2

Anfang April kann es in Südarizona schon richtig heiß werden und die Sonne strahlt unglaublich hell. Auch wenn Sie in Deutschland nicht unbedingt zu den Sonnenbrillenträgern gehören, in der Wüste ist das Licht sehr grell. Nehmen Sie eine passende Sonnenbrille mit. Sonnencreme mit entsprechend hohem Lichtschutzfaktor (30 bis 50 ist gut) kaufen Sie besser vor Ort.

17.3

Die Davis-Monthan Air Force Base ist ein Stützpunkt der United States Air Force. Sie ist bekannt durch die in unmittelbarer Nähe liegende 309th Aerospace Maintenance and Regeneration Group (AMARG), ein großes Lager für ausrangierte Flugzeuge. Googeln

Sie AMARG einfach - und Sie werden eine Fülle von beeindruckenden Bildern finden.

Wenn Sie das erste Mal hier sind und sich für Flugzeuge interessieren, sollten Sie unbedingt das nahegelegene Pima Air & Space Museum besuchen (www.pimaair.org). Von hier aus kann man Besichtigungen des AMARG machen, wir schenken uns dies aber, da wir schon zweimal hier waren. Eigentlich wollen wir nur ein paar Flugzeuge sehen, um die Erinnerung ein wenig aufzufrischen.

18. Kakteen und Kolibris

Die Sonne scheint immer noch. Wir frühstücken und machen uns dann auf den Weg zum Arizona-Sonora Desert Museum (18.1). Wir kaufen uns eine Eintrittskarte und müssen dann gleich ganz schnell werden, denn es sind Raubvogelflugvorführungen angekündigt. Auf dem Weg zum beschriebenen Standort sammeln wir andere Besucher auf (18.2). Es ist ziemlich voll. Die Flugshow ist fantastisch. Wir feuern aus allen Rohren (natürlich nur mit der Kamera) und es gelingen uns ein paar wunderschöne Bilder.

Flugshow im Arizona-Sonora Desert Museum

Nach der Vorführung wird es etwas ruhiger, wir machen uns auf den Rundweg. Es geht an Kojoten vorbei zu den Javelinas (kannten wir vorher auch nicht, sehen aus wie kleine Wildschweine, sind aber keine!), wir begegnen Prairie Dogs und besichtigen die Schlangenausstellung. Claus ist ganz fasziniert von dem Schwanz einer Klapperschlange. Er lässt das

Modell heftig rasseln. Um 13 Uhr ist wieder eine Vorstellung angesagt. In einem Theater lernen wir alles über Gila Monster (sie können 15 Minuten die Luft anhalten, sind sehr bissig und ziemlich giftig, alles andere als nette Zeitgenossen) und Klapperschlangen. Die Zoogehilfin erklärt eindringlich, dass Klapperschlangen gar nicht so gefährlich sind (8.4). Es hat in den letzten Jahren nur zwei Todesfälle durch den Biss einer Klapperschlange gegeben, und die waren unbehandelt. Hinweise zum Verhalten bei einem Biss werden auch gegeben (18.3).

Wir sind nun für die Wildnis gerüstet und setzen unseren Weg fort. Erst einmal mit einer Stärkung im Restaurant, es gibt Linsensalat und ein großes Eis (dabei vertue ich mich mit der Menge, ich wollte eigentlich ein kleineres haben, habe aber die Dame nicht richtig verstanden).

Die nächsten "gefährlichen" Tiere, die wir uns ansehen, sind Kolibris. In einem Gehege gehen wir wieder auf die (Foto-)Jagd. Diese kleinen Pieper sind einfach unglaublich schnell, es ist gar nicht so einfach, ein vernünftiges Foto zu machen. Wir wundern uns am Abend bei der Betrachtung der Bilder nur bedingt über die vielen (leeren) Äste, die wir fotografiert haben - die Kolibris waren schneller. Einzig die brütenden Weibchen lassen sich einigermaßen gut ablichten. Die besten Chancen auf ein Foto dieser kleinen Schnellflieger hat man, wenn man sich ganz ruhig auf eine Bank setzt und wartet, bis sie einem in den Weg fliegen.

Im eigentlichen Zooteil des Parks begegnen wir Luchsen, Grauwölfen, Seeottern und Roadrunnern.

Ich habe noch vergessen zu erwähnen, dass wir uns die ganze Zeit in einer traumhaften Landschaft befinden, überall Kakteen und Sukkulenten, alle beschildert und mit Vornamen versehen.

Zum Abschluss des Tages liefert uns noch der Kampf eines Insekts mit einer Spinne mitten auf dem Weg anschauliches Wildlife. Fasziniert bleiben wir stehen und betrachten das Geschehen.

Wir sind ziemlich geschafft, als wir den Park verlassen. Nicht die lange zurückgelegte Strecke, sondern die Sonne haben uns geschafft. Zum Glück ist unser Weg zum Campground nicht weit, Gilbert Ray liegt gleich um die Ecke. Heute ist es allerdings nicht so schön wie gestern, es wird zum Abend hin ein wenig kälter und windiger. So verzichten wir auf das Abendessen draußen, Claus allerdings nur unter Protest.

18.1

Das Arizona-Sonora Desert Museum ist für uns eins der schönsten Museen überhaupt, absolut empfehlenswert, lebendig, informativ, landschaftlich wunderschön gelegen. Vielleicht ist der Ausdruck "Museum" etwas irreführend, der Landschafts- und Tierpark bildet eine einzigartige, in die Natur eingebettete Möglichkeit, sich über Flora und Fauna der Wüste zu informieren. Nähere Informationen unter: www.desertmuseum.org.

18.2

Ein kurzer Hinweis auf das Verhalten in Museen oder Freizeitparks ist hier angebracht. Informieren Sie sich immer möglichst am Eingang über besondere Vorführungen oder Talks und machen Sie für sich eine Art Stundenplan. Die Hauptattraktionen sollten Sie nicht unbedingt an den Anfang legen (falls möglich), am Nachmittag ist es häufig leerer. Wir haben es auch immer als hilfreich erachtet, einen Park sozusagen "von hinten" anzufangen, man läuft dann gegen den Strom und die Attraktionen sind nicht so voll.

18.3

In Büchern über die USA habe ich auch schon andere Informationen über Klapperschlangen gelesen. Wollen Sie ernsthafte Zwischenfälle mit Klapperschlangen vermeiden, sollten Sie bei Wanderungen und beim Klettern stets einige Sicherheitsregeln beachten. Greifen Sie nicht in uneinsehbare Löcher und tragen Sie bei Wanderungen möglichst lange Hosen und festes Schuhwerk, am besten Wanderstiefel. Da Schlangen dem Menschen normalerweise von selbst aus dem Weg gehen, sollte man beim Gehen stets fest auftreten. So können Schlangen die Bewegung wahrnehmen und flüchten.

19. Fahren und Freimeilen

Heute Morgen scheint die Sonne nicht mehr, der Himmel ist bedeckt. Wir machen uns noch einmal auf den Weg zur Davis-Monthan AFB und umrunden diese auf einem Weg, den uns TOMTOM vorgibt. Auch hier sehen wir nicht mehr Flugzeuge. Außerdem macht es keinen Spaß, aus dem fahrenden RV heraus zu fotografieren. Das habe ich in diesem Urlaub schon viel zu oft gemacht.

Wir fahren also quer durch Tucson wieder auf die Interstate. Wieder einmal haben wir unsere Route umgeschmissen. Für das eigentlich geplante Death Valley bleibt uns zu wenig Zeit, außerdem würde es einen ziemlichen Umweg bedeuten und unser Meilenkontingent ist schon ausgeschöpft (19.1). Unser Weg führt uns über Wickenburg (drei alte Häuser, sonst nichts) auf den Highway 93 quer durch die Berge in Richtung Kingman. Dieser Highway, der an einigen Stellen sogar 4-spurig ausgebaut ist, ist allerdings viel schöner als erwartet. Wir befinden uns sogar auf einer "Scenic Route". Es geht vorbei an vielen Yuccas und Joshua Trees. Trotzdem ist es eine ganz schöne Fahrerei (19.2).

Gegen Abend erreichen wir Kingman. Am von uns ausgesuchten Campground wird uns eine fürchterliche Frage gestellt: "Do you have a reservation?" - Haben wir natürlich nicht. Trotzdem bekommen wir noch einen sehr schönen Platz. Das Restaurant am Truck Stop nebenan wird uns allerdings nicht empfohlen. Also gibt es Abendessen im RV. Um uns herum sind scheinbar lauter Dauercamper.

19.1

Bei Überführungsfahrten ist in der Regel ein Meilen-kontingent an Freimeilen enthalten. Gehen Sie bitte nicht davon aus, dass Sie damit die USA erkunden können. Die Kontingente erscheinen auf den ersten Blick sehr großzügig bemessen, sind in der Regel aber recht knapp berechnet und orientieren sich immer am kürzesten Weg.

Die kürzeste Strecke von Middlebury, Indiana nach Las Vegas, Nevada beträgt laut Google Maps schon 1864 Meilen. Diese Route über Des Moines und Denver ist aber im März (also zu der Zeit, in der wir unterwegs waren) nicht besonders empfehlenswert. Es ist soweit im Norden dann einfach noch zu kalt. Fahren Sie wie wir die Strecke über St. Louis, Little Rock, Oklahoma City, Las Cruces, Tucson und Phoenix, so beträgt die Entfernung schon 2496 Meilen. Bei einem Freimeilen-Kontingent von 3000 Meilen bleiben Ihnen dann noch gerade 500 Meilen (!) für Abstecher - und die sind schnell "verfahren".

Planen Sie Ihre Route gründlich (besser, als wir es in diesem Fall getan haben) und kaufen Sie schon zu Hause noch Meilenpakete hinzu. Selbst wenn Sie diese nicht vollständig aufbrauchen, ist das Verfallen-lassen in der Regel günstiger, als das Kaufen vor Ort, da hier auch noch die Sales Tax zu entrichten ist.

19.2

Die Strecke ist ein schönes Beispiel für Tücken der Planung. Die eigentliche Entfernung zwischen Tucson und Kingman sind "nur" 305 Meilen. Mein deutsches "Bauchgefühl" rechnet also mit 3 Stunden und ein bisschen Fahrtzeit. Mein Bauchgefühl gehört abgestellt (!) - 305 Meilen entsprechen 490 km (!). Die Fahrtzeit gibt Google Maps also mit knapp 5 Stunden an - und wenn Sie in den Feierabendverkehr (ja, so was gibt es auch in Amerika) in Phoenix geraten, kann sich die Fahrtzeit erheblich verlängern.

20. Rote Felsen und Regen

Die Sonne scheint wieder ein wenig, es ist aber kälter geworden. Wir erkunden Kingman, d. h. wir suchen ein Oldtimer-Museum, werden aber trotz genauer Angabe der Adresse nicht fündig (20.1). Fahren wir alternativ eben einkaufen. Bei Ross (20.2) erstehen wir unseren Zusatzkoffer. Auf der 95 geht es Richtung Las Vegas. Hinter dem Hoover Dam (20.3) biegen wir in Richtung Lake Mead ab. Die Route führt durch die Lake Mead National Recreation Area und ist somit gebührenpflichtig (es sei denn, man hat einen Annual Passport). Sie ist allerdings sehr schön, die dunklen Wolken am Himmel machen sie noch dramatischer. Wir betrachten diese Wolken mit einiger Skepsis, hoffen aber, dass sie in die andere Richtung wegziehen (tun sie nicht!).

Auf dem Campground im Valley of Fire - noch scheint die Sonne

Wir halten noch einmal an einer Stelle, wo die roten Felsen besonders schön sind, und kommen unserer Fotopflicht nach, denn hier lässt sich noch einmal die Sonne blicken.

Gegen 16 Uhr sind wir dann im Valley of Fire State Park. Wir suchen uns eine Campsite (20.4) und denken einen Moment über Grillen nach, als auch schon die ersten Tropfen fallen. Ich mache noch schnell ein paar Fotos, trete dabei auf einen Stein, der sich plötzlich unter mir in Bewegung setzt, und lande - auf meiner Kamera. Diese lässt sich daraufhin nicht mehr ordentlich schließen. So ein Mist. Claus hat mehr Angst um mich, aber mir ist nichts passiert, bis auf eine kleine Schramme an der Hand. Das Valley of Fire ist eine gefährliche Gegend für uns (20.5). Wir vertreiben uns den Abend mit people watching. Neben uns hat sich eine Gruppe von drei Vätern mit 7 halbwüchsigen Jungen zum Camping niedergelassen. Wir beobachten fasziniert deren Abläufe, den Kampf mit dem Feuer und dem Zelt, das Grillen und das gemeinsame Gebet vor dem Abendessen.

Der Regen wird stärker und unsere letzten Gedanken, bevor wir in unsere bequemen und warmen Betten schlüpfen, gelten unseren Nachbarn.

In der Nacht bricht der Sturm voll los, es schüttet wie aus Eimern, die Temperatur stürzt auf 6°C ab, der Wind lässt unser RV wackeln (mal wieder).

20.1

Unser Navigationsgerät ist schon ein paar Jahre alt und in den USA ändert sich die Straßenführung manchmal schneller, als man denkt. Wir sollten unseren eigenen Empfehlungen folgen und uns ein Neues oder mindestens ein Update kaufen.

20.2

Ross Dress for Less (www.rossstores.com) ist ein Geschäft, welches neben Bekleidung auch Schuhe, Accessoires und Dekorationsartikel führt. Man kann dort, wenn man Glück hat, auch Designerbekleidung aus der vergangenen Saison zu einem erstaunlich günstigen Preis bekommen. Wir kaufen dort, immer wenn notwendig, unseren Zusatzkoffer für die Rückreise. Wir haben schon Samsonite-Koffer zu einem günstigeren Preis als im Factory Outlet bekommen. Auch Souvenirs lassen sich dort gut kaufen.
Einziger Wermutstropfen - die Geschäfte können von sehr unterschiedlicher Qualität sein. Man weiß nie, ob und was man findet.

20.3

Wir haben diesmal am Hoover Dam nicht angehalten, da wir den Damm und die neue Mike O'Callaghan – Pat Tillman Memorial Bridge schon im vergangenen Jahr ausführlich besichtigt haben. Wenn Sie das erste Mal hier sind, fahren sie unbedingt auf den Parkplatz und laufen Sie über die Brücke. Die Aussicht auf den Hoover Dam ist fantastisch. Weitere Informationen zum Bau des Bypass unter www.hooverdambypass.org. Achtung: Der Parkplatz ist direkt hinter der Brücke, nicht verpassen!

20.4

Das Valley of Fire hat nur zwei kleinere Campgrounds mit insgesamt 72 Plätzen. Alle Campsites werden nach first-come, first-serve vergeben. Informationen über alle State Parks in Nevada unter www.parks.nv.gov.

20.5

Wir haben im Valley of Fire schon den einen oder anderen Fehltritt "hingelegt" (und uns selber damit auch). Obwohl wir beim Wandern immer festes Schuhwerk anziehen, aufpassen, wo wir hintreten, und immer erst stehenbleiben, bevor wir ein Foto machen - manchmal passiert eben doch ein Fehltritt, wenn man von der umliegenden Landschaft so fasziniert ist.

21. Im Valley of Fire

Der Regen hat aufgehört, sogar die Sonne lässt sich ein wenig blicken. Unsere Nachbarn sind schwer mit Aufräumen beschäftigt. Die Feuerstelle dampft schon. Wir machen auch erst einmal Frühstück (ist bei uns im RV viel einfacher!). Es ist eiskalt und unsere Heizung läuft.

Unser erster Weg führt uns zum Visitor Center. Wir sehen uns um, informieren uns über die aktuelle Wettervorhersage und beobachten ein paar Vögel an der Futterstelle vor dem Fenster. Dann geht es weiter zu den White Domes. Hier treffen wir die Jungens von unserem Campground wieder, die sich gerade auf den Weg machen. Wir entschließen uns, lieber den Anfang der Wanderung zur Wave zu suchen. Wir haben schon soviel davon gehört, da wollen wir doch auch hin (21.1).

Ganz nach Anweisung des Faltblattes aus dem Visitor Center zählen wir die Parkplätze, am dritten halten wir. Genau gegenüber steht ein kleines Hinweisschild mit der nüchternen Aufschrift "Wave". Wir ziehen uns um (Wanderstiefel!) und machen uns auf den Weg. Noch nie haben wir einen so gut gekennzeichneten Weg gesehen. Alle "gefühlten" 10 m steht ein kleiner Stock mit einer blauen Fahne am Weg. Man scheint hier große Angst zu haben, dass die Touristen verloren gehen. Und dies kann auch leicht passieren. Mitten auf einer Felsebene hören die Fähnchen nämlich auf, jetzt geht es weiter nach Gefühl. Claus' Gefühl zeigt uns den richtigen Weg. Da es bedeckt ist, leuchten die Felsen leider nicht so, wie im Reiseführer versprochen. Und wir beobachten unzählige Leute,

Auf der Wanderung zur Wave im Valley of Fire,
leider bei schlechtem Wetter

die auf der Felsebene wieder umdrehen und gar nicht bis zur eigentlichen Wave kommen. Claus hat aber den "bedeckter Himmel"-Modus bei seiner Kamera eingestellt, seine Bilder werden richtig gut (und für den Rest sorgt ein Bildbearbeitungsprogramm).

Zurück am Parkplatz sind wir doch ein wenig geschafft. Mit einem Schmunzeln beobachten wir ein älteres Ehepaar, welches sich für die Wanderung zur Wave rüstet, mit GPS - wir denken an die Fähnchen. Wir wollen nun noch zu den "Seven Sisters", einer Felsformation hier im Valley. Aber dort ist die einzige Attraktion eine Hochzeit. Die Braut tut uns leid, sie hat sich ziemlich schlechtes Wetter für ihren Hochzeitstag ausgesucht. Außerdem ist es lausig kalt, und das Brautkleid sieht nicht so aus, als wäre es besonders warm. Tapfer hält sie still, bis der Fotograf fertig ist (21.2).

Wir fahren zurück zum Campground. Und dann passiert es doch noch, die Sonne kommt heraus. Claus nutzt die Gelegenheit und schichtet den kläglichen Abklatsch eines Lagerfeuers aus unseren gebrauchten Kartons auf. Bevor er den Stapel anzündet, entschließen wir uns noch zu einem spontanen Hike über den Campground. Dabei entdecken wir eine Unzahl verschiedener Wohnmobile, von Knutschkugeln bis zu offroad-tauglichen Gebilden mit einem Zelt darauf. Außerdem treffen wir ein Ehepaar aus Deutschland. Sie sind gestern angekommen und haben heute einen 9,60 m langen RV vom Vermieter El Monte übernommen. Wir dürfen uns die Inneneinrichtung ansehen und sind gebührend beeindruckt. So kann also ein RV auch von innen aussehen. Das ist eine andere Welt, wenn man ihn mit unserem vergleicht. Offensichtlich gibt es doch Vermieter, bei denen sich die Innenausstattung in den letzten 12 Jahren zum Positiven verändert hat (so lange ist es her, dass wir das letzte Mal mit einem RV unterwegs waren - wir haben den Eindruck, bei unserem Vermieter Road Bear hat sich da nicht all zuviel getan, sieht man einmal von dem Plasma-TV ab!), man braucht nur den richtigen Vermieter. Aber wir trösten uns mit dem Gedanken, dass wir lieber nicht wissen wollen, was sie für diesen fahrbaren Untersatz bezahlt haben - noch dazu in der Hochsaison. Claus setzt nun die Kartons in Brand und macht ein paar Beweisfotos vom "Lagerfeuer". Während er sich mit dem Grillen der letzten Reste beschäftigt, packe ich schon einmal die Koffer. Hatte ich in Kingman noch für einen kleineren Koffer plädiert, so bin ich doch nun ganz froh, dass wir den größeren gekauft haben. Was ist uns da nur wieder im Urlaub alles zugelaufen?

21.1

Diese "Wave" bitte nicht mit der berühmten Wave in den Coyote Buttes North verwechseln, für die man eine Zugangserlaubnis braucht (Permit), die in der Regel nicht so ganz einfach zu bekommen ist (genauere Informationen z. B. unter www.synnatschke.de).
Die Wave im Valley of Fire ist nicht so groß, dafür aber viel leichter zugänglich. Der Wanderweg ist sehr gut mit blauen Fähnchen markiert, einzig die Suche nach einem geeigneten Parkplatz ist in der Hauptsaison nicht ganz so einfach - und denken Sie nicht einmal daran, sich einfach an den Straßenrand zu stellen. Die Ranger reagieren ausgesprochen ärgerlich auf unerlaubtes Parken in den State Parks!

21.2

An Wochenenden kann man im Valley of Fire immer wieder Hochzeitsgesellschaften antreffen, die sich für eine Outdoor-Hochzeit im nahe gelegenen Las Vegas entschieden haben und dann hier ihre Zeremonien durchführen und ihre Fotos machen.

22. Bass Pro Shop und Pool in Las Vegas

Wir stehen auf, entleeren unseren Kühlschrank und unsere Tanks (sprich: wir dumpen) und machen uns auf den Weg nach Las Vegas. Das schlechte Wetter hat uns verlassen, die Sonne scheint wieder. Na Klasse, ausgerechnet am Tag mit dem schlechtesten Wetter des ganzen Urlaubs machen wir eine Wanderung zur Wave. Ein Grund zurückzukommen.

Wir erreichen nach einer zweistündigen Fahrt das Silverton, ein Hotel am südlichen Ende des Strips (22.1), der Hauptstraße von Las Vegas. Hier lassen wir es uns bei einem Sunday Champagne Brunch gut gehen (22.2). Es gibt sogar eine Neuerung, man kann diesen "Champagne" jetzt auch mit aromatisierten Zusätzen bekommen, Raspberry oder Mango. Und dieser ganze Genuss kostet uns noch nicht einmal etwas, wir haben noch einen Gutschein vom letzten Jahr. Den haben wir damals bekommen, weil wir uns für den Players Club registriert haben (22.3). Mehr als gut gesättigt beziehen wir nun unser Zimmer, welches groß und freundlich ist. Wir überlegen, wie wir zum Rental Car Center kommen. Da fällt unser Blick auf eine Tafel an der Rezeption mit den Hinweisen für ein Airport Shuttle. Das ist doch eine Idee. Eine sehr gute, wie sich herausstellt. Erstens sind wir die einzigen Gäste, die um diese Zeit zum Airport wollen, so dass uns der Fahrer gleich am Rental Car Center absetzen kann, und zweitens, weil es dort überhaupt keine Parkmöglichkeit gibt, schon gar nicht für einen RV. So bekommen wir unseren SUV, einen Jeep, problemlos zum Hotel. An dieser Stelle sei angemerkt, dass Las Vegas für Wohnmobile nicht gut geeignet ist. Die Parkmöglichkeiten in den großen Hotels auf dem Strip sind nicht für RVs ausgelegt, sonstige Parkmöglichkeiten so gut wie nicht vorhanden oder weit entfernt. Man ist also auf öffentliche Verkehrsmittel oder den Shuttleservice des Campgrounds angewiesen. Zwar gibt es eine Monorail parallel zum Strip und auch Busse verkehren regelmäßig, aber die Erkundung der Stadt ist auf diese Weise relativ mühsam und mit längeren Fußmärschen verbunden. Dies ist ein Grund, warum wir uns für die letzten beiden Tage einen Leihwagen genommen haben. Ein anderer ist der, dass wir das Wohnmobil schon zwei Tage vor dem Rückflug abgeben und dann keinen fahrbaren Untersatz mehr hätten.

Der Wechsel zum Jeep fiel uns nicht leicht

Allerdings ist dieser Jeep, den wir uns nach einer mal wieder endlosen Warterei bei Dollar aussuchen, nicht gerade das große Los (22.4). Claus hat echte Probleme, der Wagen ist einfach unphysiologisch in der Anordnung von Sitz und Lenkrad. Auch ich soll noch diese Erfahrung machen, denn ich fahre den Wagen am nächsten Tag noch zur Vermietstation von Road Bear.
Wir haben nun unsere Aufgaben für diesen Tag erledigt, also beschäftigen wir uns mit angenehmeren

Dingen - wir gehen poolen. Das ist ganz große Klasse. Die Poolanlage ist neu und sehr schön. Wir genießen das Liegen in der Sonne, und weil es so schön warm ist, gehen wir sogar ins Wasser.

Anschließend besuchen wir noch den Bass Pro Shop (22.5), das muss einfach sein. Unser Einkauf besteht heute allerdings nur in einer Badehose für Claus. Wir haben endgültig die Nase voll von der alten Badehose, die noch tropft, wenn wir schon längst wieder im Hotelzimmer sind.

Abendessen gibt es im Ellis Island (wo sonst?). Das Steak Dinner ist gut wie immer (22.6). Ein weiterer Bummel durch die Stadt bleibt aber aus, wir sind einfach zu müde und schon um 22.30 Uhr im Hotel im Bett (und das in Las Vegas!!!).

22.1

Wir haben uns für das Silverton (www.silvertoncasino.com) entschieden, weil wir wissen, dass es über einen großen Parkplatz verfügt, auf dem wir unser RV über Nacht stehen lassen können. Wir sagen nur kurz an der Rezeption Bescheid und dürfen dort kostenfrei parken. Ein Hotel direkt am Strip ist nicht möglich, da diese in der Regel nur über Parkhäuser verfügen, die man mit einem RV wegen der unzureichenden Höhe nicht anfahren kann.

22.2

Die Buffets in Las Vegas sind legendär. Sie bieten ausgezeichnetes Essen zu einem ausgezeichneten Preis. Besonders am Wochenende findet man in vielen Hotels zudem ein Champagne Brunch, wo zusätzlich zu dem Buffet noch Champagner (naja, im Regelfall ist es normaler Sekt) serviert wird. Noch ein Tipp: Manche Buffets sind durchgängig geöffnet. Wenn man kurz vor Ende der Frühstückszeit dorthin geht, wechselt das Angebot, während man am Buffet ist. Dann bekommt man zum Frühstückspreis häufig noch zusätzlich das Lunchangebot. Nähere Informationen zu den Buffets, wie z. B. Qualität und Preis, findet man unter: www.lasvegasadvisor.com.

22.3

Fast alle Hotels und Casinos bieten die Mitgliedschaft in einem Players Club an. Diese ist kostenlos, man muss sich nur am Office registrieren. Manchmal bekommt man dafür neben einer bunten Mitgliedskarte

(Players Card), die zu meinen bevorzugten Sammel-objekten gehört, auch eine Kleinigkeit, wie einen Gut-schein für ein Buffet, ein T-Shirt oder ein paar Spiel-karten.

22.4

Wir haben schon öfter in den USA Mietwagenrundrei-sen unternommen und dabei einige Erfahrung mit Mietwagenfirmen gesammelt. Unserer Ansicht nach ist Alama/National eine empfehlenswerte Vermiet-agentur. Die Autos sind in der Regel sauber und die Reifen in einem guten Zustand. Budget und Dollar sind meist günstiger, wir haben aber häufiger beo-bachtet, dass die Fahrzeuge nicht so gut gepflegt sind, und manchmal mussten wir ein anderes Fahr-zeug anfordern, weil die Reifen abgefahren oder der Wagen einfach dreckig war. Aus einem uns unbe-kannten Grund ist die Wartezeit bei Dollar auch immer extrem lang (zumindest in Las Vegas).

22.5

Bass Pro ist ein Outdoor Shop, der alles im Angebot hat, was man für Camping, Angeln, Jagen oder Wan-dern braucht, kurz für alles, was man im Freien ma-chen kann. Sie finden dort alles für "Fishing, Hunting, Boating, Camping, Clothing and Outdoor Recreation", was man sich nur vorstellen kann. Unbedingt einen Besuch wert! Geschäfte findet man in der Nähe fast aller Großstädte an der Ostküste, einige wenige an der Westküste (Hinweise im Internet unter www.basspro.com).

22.6

Das Ellis Island ist ein kleines Casino mit Restaurant in Las Vegas in der Koval Lane, einer Querstraße der Flamingo East, und verfügt über eine Micro Brewery: www.ellisislandcasino.com.

Wir finden das Restaurant dort besonders gut, da es ein (nicht auf der Karte stehendes) Steak Dinner (beim Kellner nachfragen) zu einem sehr guten Preis bietet. Neuerdings kann es passieren, dass man für die Bestellung des Steak Dinners eine Players Card des Casinos braucht (da man manchmal ein wenig auf einen Tisch warten muss, kann man die Zeit zur Registrierung nutzen). Auch wenn das Lokal scheinbar fast leer erscheint, kann die Wartezeit schon mal 30 Minuten betragen (schließlich sollen die Gäste noch etwas Geld in den Automaten lassen!). Meist muss man aber warten, weil der Andrang wirklich groß ist.

23. Abgabe des RV und Rückflug

Wir geben heute unser RV ab, nachdem wir es noch einmal für 180 $ gefüttert haben. Quer durch die Stadt folge ich im Jeep dem RV mit Claus, der vor mir herfährt. Einmal bremst er an einer Ampel und kommt fast auf der Mitte der Kreuzung zum Stehen. "Nicht noch ein Ticket", geistert da wohl in seinem Hinterkopf herum.

Wir füttern unser Riesending

Eine junge Dame aus der Schweiz nimmt unser RV bei Road Bear in Empfang. Wir beichten die abgefallene Zierleiste, aber sie nimmt das erstaunlich gelassen. Das passiere schon mal bei Neufahrzeugen, kein Problem.

Einige restliche Dinge, die wir für den Urlaub gekauft haben und nun nicht mit nach Deutschland nehmen wollen, lassen wir in einem Raum in der Vermietstation. Darunter befinden sich z. B. die am Anfang gekauften Pfannen, ein paar Gläser, ein paar Tupperdosen und ungenutzte Lebensmittel in Dosen. Die nächsten Mieter können sich hier auf Nachfrage bedienen. Hätten wir unsere Rundreise hier begonnen, hätten wir einige Dinge, die wir hier entdecken, sicher gut gebrauchen können, so z. B. einen noch eingeschweißten brandneuen Grill, Gewürze, Tomatensauce, eine Tischdecke für den Campingtisch oder diverse Putzutensilien.

Wir erfahren, dass die Bearbeitungsgebühr für ein Polizeiticket 100 $ beträgt, was uns deutlich zuviel erscheint, aber wohl nicht zu umgehen ist. Wir werden sehen, was kommt, ändern können wir es doch nicht mehr. Und dann sind wir ihn los, unseren RV.

Den verbleibenden Rest des Tages verbringen wir beim Shoppen und Sightseeing in Las Vegas, doch das ist eine andere Geschichte. (Wer mehr von unseren diversen Besuchen in Las Vegas erfahren möchte und noch ein paar Tipps für seinen Aufenthalt dort braucht, den bitte ich um ein wenig Geduld - ich arbeite gerade an einem weiteren Buch aus meiner Reihe "Amerikaverrückt".

Am nächsten Morgen geht unser Flieger zurück nach Deutschland.

24. Zum guten Schluss

Als wir nach dieser Reise nach Hause zurückgekehrt sind, haben uns Freunde, denen wir vor der Reise von dieser günstigen (!) Möglichkeit einer Überführungsfahrt vorgeschwärmt hatten, gefragt, wie es uns gefallen hätte und ob wir noch einmal eine Überführungsfahrt machen werden. Unsere spontane Antwort war ein eindeutiges "Nein".
Wenn man die "Pros " und "Kontras" gegeneinander aufwiegt, ergibt sich für uns heute ein differenzierteres Bild:

Beginnen wir mit den **Negativpunkten**:

Das Wohnmobil war **sehr laut**, so laut, dass wir unterwegs kaum eine Möglichkeit hatten, uns zu unterhalten oder das Radio laufen zu lassen. Wir hätten uns sonst wahrscheinlich angeschrien oder die Interstate beschallt (vgl. Kapitel 3). Die Ausstattung hatten wir auch nicht so **spartanisch** erwartet, zumal unser Wohnmobil ganz neu war und die Bewertungen von Road Bear durchweg positiv. So ist mir z. B. während der gesamten Reise immer mal wieder eine Schrankklappe auf den Kopf gefallen, weil diese keine Arretierung hatte. Haben Sie schon einmal versucht, etwas in einem Schrank unterzubringen und gleichzeitig die Klappe aufzuhalten? Wir haben übrigens andere Wohnmobile von anderen Anbietern gesehen, die eine bessere Ausstattung hatten.
Die Innenausstattung der Schränke bot unendliche Hängefläche mit einer Kleiderstange, aber nur wenige Fächer - so haben wir viel Platz verschenkt (o.k., bei zwei Leuten ist das nicht so tragisch, aber wenn man

mit mehreren Leuten unterwegs ist, kann da der Stauraum schon mal eng werden). Gleiches gilt für die Küchenschränke, eine bessere Unterteilung wäre hilfreich gewesen, denn Stapeln ist in einem Fahrzeug nicht empfehlenswert.

Dann hat uns auch die schiere **Größe** unseres RVs vor einige Probleme gestellt. Wir waren in den letzten Jahren in den USA mit Mietwagen unterwegs, unsere letzte Reise mit einem Wohnmobil lag schon 12 Jahre zurück. Wir hatten einfach vergessen, dass es selbst in den USA problematisch sein kann, mal "eben schnell" einen Parkplatz oder eine Haltemöglichkeit der entsprechenden Größe zu finden. Auch hatten wir nicht daran gedacht, uns bei allen National und State Parks genau über die Längenbegrenzung (!) für Wohnmobile zu informieren. Diese kann durchaus unterschiedlich sein, sie beginnt zwischen 25 und 30 feet. Dies hat uns des Öfteren zum Umplanen unserer Route gezwungen. Wir sind da in eine Falle getappt, die sich bei Überführungsfahrten ergeben kann - die Wohnmobile kosten alle das gleiche, egal in welcher Größe. Deshalb haben wir uns für das größte RV entschieden - dieses war zwar sehr komfortabel im Innenraum, aber nicht immer so ganz einfach zu rangieren, und es unterlag wegen seiner Länge einigen Zugangsbeschränkungen in den National Parks. Bei anderen Anbietern kann man die Größe vorher überhaupt nicht bestimmen, sondern man nimmt an einem Roulette teil, d. h. die Größe wird vom Vermieter vor Ort bestimmt. Ich überlasse es Ihrer Fantasie, sich auszumalen, vor welche Probleme das den Reisenden (oder die Reisegruppe) stellen kann.
Des Weiteren haben wir einen Kardinalfehler gemacht (lachen Sie uns jetzt ruhig aus, wenn Sie dies lesen - auch Reiselustigen mit viel Erfahrung passiert so etwas) - wir haben die **Entfernungen unterschätzt**.

Die Länge der Strecke war uns zwar durchaus bewusst, doch mit einem RV fährt es sich nun einmal viel **langsamer** als mit einem SUV (!). So haben wir für einige Strecken länger gebraucht als geplant - und so ging sie denn dahin, die schöne Urlaubszeit.

Und weil wir dann hinter unserem Plan hinterher gehinkt sind, wurden wir noch schneller und haben einige Zielpunkte ausgelassen, die wir eigentlich ansteuern wollten - ein weiterer Fehler. Heute würden wir alles mitnehmen, was auf der Strecke liegt (wenn dies der Plan ist) oder wir würden gleich am Anfang eine längere Strecke konsequent durchfahren (wenn dies der Plan ist) und uns dann im eigentlichen Zielgebiet (bei uns war das eindeutig der Südwesten) mehr Zeit lassen.

Kommen wir zu einem weiteren Punkt. Die USA sind groß und es gibt viel zu sehen. Das halten Sie für eine Binsenweisheit? Wir auch - aber!

An dieser Stelle kann ich nur noch einmal betonen, dass man sich über Zweck und Ziel (Ziele) einer Reise in die USA vorher klar (und ich meine - glasklar) sein sollte. Was will ich in diesem Urlaub erleben? Viel sehen? Na klar! Natur erleben? Wandern? Campingurlaub machen? Sehenswürdigkeiten erkunden? Land und Leute kennenlernen? Alles dies? Und alles gleichzeitig und alles in einem dreiwöchigen Urlaub? Und jetzt haben Sie das Problem.

Gelten diese Überlegungen schon für jede Rundreise, so gelten sie umso mehr für eine Überführungsfahrt, denn da kommt noch ein weiterer Aspekt hinzu - man muss in einer bestimmten Zeit eine bestimmte Strecke zurücklegen. Wenn die Zeit knapp wird, kann man nicht eben mal eine Abkürzung nehmen oder einen Teil der geplanten Route weglassen.

Unsere Überführungsstrecke z. B. führte in einigen Teilen parallel zur Route 66. Was lag also näher, als diese gleich mit zu erkunden. Daher haben wir uns entsprechend über ihren Verlauf und die Sehenswürdigkeiten informiert. Schon nach kurzer Zeit mussten wir aber feststellen, dass viele dieser Sehenswürdigkeiten nicht über asphaltierte Straßen zu erreichen sind. Mit einem Wohnmobil unserer Größe also gar nicht!

Wir wollten die an der Strecke liegenden Städte erkunden - aber mit diesem Riesending nach St. Louis hineinfahren? Doch lieber nicht. Also wieder eine Planänderung.

Natur erleben! Selbstverständlich! Aber da hatte der National Park Service mit seiner Längenbeschränkung bei einigen Parks etwas dagegen. Wandern - gerne, aber dazu hatten wir oft keine Zeit, denn die Strecke nach Las Vegas lag noch vor uns. Einfach gesagt, wir haben uns bei den vielen Möglichkeiten dieser Tour ein wenig **verzettelt**.

Falls ich Sie bis jetzt noch nicht verschreckt habe, kommen wir jetzt zu den **positiven Aspekten**:

Das Wohnmobil ist eine einzigartige Möglichkeit, die **Natur** zu erkunden. Nichts ist damit vergleichbar, morgens an einem See aufzuwachen und aus dem Bett heraus die Vögel zu beobachten. Oder am Abend neben dem **Lagerfeuer** in einem Kiefernwäldchen zu sitzen und Wild zu beobachten. Dazu dann noch Marshmallows auf einen Stock aufspießen und über das Feuer halten - das ist Westernromantik pur.

Die **Campingplätze** in den Nationalparks sind einfach einmalig.

Nicht zu vergessen die Romantik eines **Grillabends**, wenn das Steak über den glühenden Kohlen brutzelt und sich der Duft in Ihre Nase schleicht.

Die **Handhabung** eines Wohnmobils ist denkbar einfach. Der Einweisung an der Vermietstation sollten Sie aber schon aufmerksam folgen. Es ist hilfreich, wenn sich alle Mitreisenden daran beteiligen. Vier oder sechs Ohren hören mehr als zwei. Fragen Sie nach, wenn Sie etwas nicht verstanden haben. Die Mitarbeiter sind sehr geduldig und beantworten Ihre Fragen gerne. Außerdem sollten Sie noch ein Handbuch bekommen, das alle weiteren Fragen beantworten sollte. Schon nach erstaunlich kurzer Zeit hat sich bei uns aber immer eine gewisse Routine ausgebildet. Mit dem Wohnmobil sind sie flexibel. Wie schon erwähnt, sind die USA groß und die Strecken zwischen den einzelnen Sehenswürdigkeiten weit. In einem Wohnmobil packt man seine Koffer nur einmal aus und hat dann sein rollendes Heim für den gesamten Urlaub dabei - es entfällt das tägliche Zusammenpacken der Koffer in den Hotels.

In abgelegenen Gebieten ist man autark. Auch wenn in meinem Reisebericht häufiger von Einkaufen die Rede ist, dies ist nicht so häufig notwendig, wie wir es vielleicht machen. Mit Kühlschrank und Gefrierfach kann man selbst in den einsamsten Gegenden mehrere Tage "überleben".

Als **Fazit** bleibt mir nur zu sagen:

Auch wenn einige Dinge in diesem Urlaub nicht optimal gelaufen sind, es hat uns doch viel Spaß gemacht und besonders der zweite Teil des Urlaubs, in dem wir im Südwesten unterwegs waren, war **wunderschön**.

Einige Fehler, die wir gemacht haben, waren auf mangelnde Planung zurückzuführen, bei einigen hat uns einfach die entsprechende Erfahrung einer solchen weiten Überführungsfahrt gefehlt - mit ein Grund für die Entstehung dieses Buches. Sollten Sie eine

Rundreise oder eine Überführungsfahrt planen, kann ich Ihnen nur empfehlen, alle zur Verfügung stehenden Quellen anzuzapfen. Auch wenn viele Angaben, wie auch meine, rein individueller Natur sind und sich nicht immer mit denen anderer Reisender decken, so kann man doch aus allen Anregungen lernen, Fehler oder Missgeschicke zu vermeiden. Außerdem steigert der Informationsaustausch die Urlaubsvorfreude ungemein.

Kein Ratgeber dieser Welt wird Sie aber davor bewahren, bei einem solchen Urlaub "Fehler" zu machen, doch wir haben immer die Erfahrung gemacht, dass es gerade diese "Fehler" waren, die zu den bleibenden Erinnerungen gehören und die "Missgeschicke" zu den meisterzählten Urlaubsanekdoten.

Wir wünschen Ihnen jedenfalls viel Spaß bei Ihrer vielleicht geplanten Fahrt durch die USA mit dem Wohnmobil. Lassen Sie sich auf gar keinen Fall von meinem Bericht abschrecken, eine solche Reise in Angriff zu nehmen.

25. How to survive the USA

Bitte erwarten Sie jetzt von mir keine Aussagen über die Selbstverständlichkeiten einer USA-Reise. Die finden Sie in anderen Büchern besser und vollständiger, z. B. dass Sie einen Reisepass brauchen, und wie lange dieser noch gültig sein sollte. Auch geographische Angaben sind nicht mein Ding. Suchen Sie bei Wikipedia, wenn Sie wissen wollen, wie viele Einwohner ein Bundesstaat wie Arizona hat, oder bei Google Maps, wenn Sie die Entfernung von New York nach Los Angeles interessiert.

Was ich Ihnen mit auf den Weg geben kann, sind die Erfahrungen, die wir selber gemacht haben. So nehmen wir z. B. immer Tempotaschentücher mit, denn die Papiertaschentücher die uns bisher in den USA über den Weg gelaufen sind (meist der Marke Kleenex), sind uns einfach zu dünn und reißen häufig - mit den entsprechenden Folgen.

Zu unserem Reisegepäck gehört auch immer ein kleiner Plastikbehälter mit Waschpulver. Doch, den Amerikanern ist Waschpulver durchaus bekannt. Nur meist auch in den in Europa üblichen oder noch größeren Mengen. Wir wissen zwar nicht, wie oft Sie im Urlaub gedenken zu waschen, uns reicht meist ein- bis zweimal in drei Wochen. Dafür braucht man keine 10 kg Waschpulver. Und kleine Mengen sind zwar auf einigen Campingplätzen erhältlich, aber beileibe nicht auf allen. Außerdem enthalten amerikanische Waschmittel einen größeren Anteil an "bleach" (Bleiche), was die Farbe der Wäsche in neue Dimensionen führen kann.

Zu den wichtigsten Ausrüstungsgegenständen bei einer Fahrt mit dem Wohnmobil haben sich aus unserer Sicht das Taschenmesser von Claus und sein Multitool entwickelt. Es gibt immer etwas zu befestigen, zu reparieren, zu ergänzen oder schlicht abzuschneiden (bitte auf dem Hin- und Rückflug im Koffer transportieren, sonst ist das gute Stück in der Mülltonne am Flughafen verschwunden oder es fliegt getrennt zum Posttarif zurück, was schon mal sechs Wochen dauern kann. Wir sprechen aus Erfahrung!).

Sollten Sie bei Ihrer Bank US-Dollar bestellen, denken Sie bitte an einen kleinen Vorrat an Münzgeld, vorzugsweise **Quarters** (25 Cents). Diese sind das bevorzugte Zahlungsmittel für Kleinbeträge wie Maut oder dienen zum Füttern der Waschmaschinen und Trockner in der Laundry des Campgrounds (hier in entsprechender Menge von vier oder fünf Stück).

Wenn wir eine neue Reise in Angriff nehmen, suchen wir uns vorher immer die Anschriften einiger für uns wichtiger Anlaufstellen heraus. Dazu gehören neben dem nächstgelegenen Walmart für den Ersteinkauf auch ein Büro des AAA (American Automobile Association), wo es Kartenmaterial und Camp- und Tourbooks gibt, eine Buchhandlung (vorzugsweise Barnes & Noble wegen der großen Auswahl an Reiseliteratur), ein Bass Pro Shop und ein Trader Joe's (www.traderjoes.com/stores). Letzterer ist ein Neighborhood Grocery Store, in dem keine Markenprodukte angeboten werden. Ein gemütlicher Laden mit Probiertheken und außergewöhnlichem Sortiment.
Vor der Reise machen wir immer Kopien aller Reiseunterlagen (Tickets, Voucher, Kaufquittungen der Traveller Cheques, Policen der Versicherungen) und aller Papiere (Reisepass, Führerschein, Krankenversicherungskarte usw.). Diese liegen einmal in Papier-

form und auf einem USB-Stick gespeichert - separat von den Originalen - im Handgepäck und einmal, elektronisch gespeichert, bei einer Person unseres Vertrauens zu Hause (nach Möglichkeit sollte diese Person über englische Sprachkenntnisse verfügen und Sie sollten die Telefonnummer dieser Person im Kopf haben). Vielleicht klingt es albern, aber wir haben auch immer neue Passfotos (biometrisch) dabei - wenn im Urlaub die Papiere abhanden kommen, hat man genug Lauferei mit öffentlichen Stellen, da braucht man ganz sicher nicht auch noch die Suche nach einem Fotografen, der diese neu und in vorgegebener Weise anfertigt (Automatenfotos nützen nämlich nichts!).

Thema Überführungsfahrt

Zur Bezeichnung **Schnäppchen** für eine Überführungsfahrt - **vergessen Sie diesen Begriff**. Es sind sicher auf den ersten Blick sehr günstige Angebote. Denken Sie aber daran, dass auch Wohnmobilanbieter nichts zu verschenken haben. Die Preise für Überführungsfahrten sind deshalb so preiswert, weil meist große Strecken zurückgelegt werden müssen - und Wohnmobile sind durstig. Unser Wohnmobil auf dieser Reise hat im Schnitt 26l/100km verbraucht und lag damit sicher noch nicht an der Obergrenze. Und die Benzinkosten gehen auf Ihre Rechnung. Bei uns waren dies bei einem Benzinpreis von 3,55 $ - 3,99 $ pro Gallone für 3500 gefahrene Kilometer umgerechnet rund 1300 €.

Zusätzlich mussten wir noch 500 Extrameilen bezahlen. Die kostenfreien Meilenkontingente bei Überführungsfahrten sind relativ knapp bemessen, auch wenn Sie Ihnen auf den ersten Blick ausreichend erscheinen (vgl. 19.1).

Noch ein Wort zu den Kosten - die Anbieter sind dabei wirklich erfinderisch.

Ein **Preisvergleich** zwischen den unterschiedlichen Anbietern kann dabei leicht zu einer Reifeprüfung werden. Leider ist die Größe eines Wohnmobils beileibe nicht der einzige Kostenfaktor, der auf Sie zukommt, die **Zusatzkosten** können einen erheblichen Preisunterschied ausmachen. Allerdings sind viele dieser Kosten bei Überführungsfahrten neuer Wohnmobile bereits enthalten.

Eine kleine Aufstellung der sonstigen möglichen Nebenkosten (ohne Anspruch auf Vollständigkeit) kann beinhalten:

Transfer vom Flughafen zum Hotel und vom Hotel zur Vermietstation
Transfer von der Vermietstation zum Flughafen
gefahrene Meilen und Meilenpakete (besser schon in Deutschland buchen, in den USA fallen dafür noch Steuern an)
Ausstattung des Wohnmobils: Persönliche Ausstattung (Personal Kit, Preis pro Person!), z. B. Handtücher und Bettwäsche, und Wagenausstattung (Vehicle Kit), z. B. Töpfe, Kaffeemaschine, Toaster
Campingtisch und Campingstühle
Bereitstellungsgebühr (die reine Abzocke!)
Nordzuschlag (für Reisen in den Norden!)
GPS (= Navigationsgerät)
Frühe Übernahme oder späte Rückgabe (aus meiner Sicht nicht notwendig)
Endreinigung
Zusatzversicherungen

Bei einigen dieser Teile kann es günstiger sein, sie zu kaufen, statt zu mieten. Manchmal ist es uns in früheren Jahren gelungen, die gekauften Artikel bei der Abgabe an die nächsten Mieter weiterzuverkaufen. Wenn Ihnen dies nicht gelingt, nicht ärgern, einfach beim Vermieter stehenlassen und abschreiben (beim Mieten bekämen Sie auch nichts erstattet!).

Die meisten Vermieter geben diese Dinge dann an die nächsten Mieter weiter. Neuerdings haben wir allerdings von einzelnen Vermietstationen gehört, die Ihnen die Sachen gerne "abnehmen", um sie dann in einem eigenen Shop an die nächsten Mieter zu verkaufen (!).

Beim Thema **Versicherungen** sollten Sie sich bewusst sein, dass selbst, wenn Sie die Super-Super-Versicherung haben, einige Dinge einfach nicht mitversichert sind, so z. B. Schäden an den Reifen oder an der Klimaanlage, Schäden an Markise, Slide-out (Erker), Dach oder Unterboden. Kurz gesagt, aus meiner Sicht die Schäden, die so richtig "ins Geld gehen". Informieren Sie sich vor der Fahrt genauestens über die Versicherungen. Dies kann Ihren Urlaub stärker beeinflussen als der Mietpreis an sich. Lassen Sie sich daher viel Zeit bei der Übernahme des Wohnmobils und dokumentieren Sie jeden (!) Kratzer. Wir haben selber erfahren, dass eine kleine Beule leicht mit 500 $ zu Buche (zu Konto) schlägt und von Fällen gelesen, bei denen ein kleiner Riss in der Markise mit 1500 $ berechnet wurde (egal, wie oder durch wen dieser entstanden ist). Der Vermieter stellte sich bei diesem Fall auf den Standpunkt, reparieren sei nicht möglich, die Markise müsste komplett ausgetauscht werden (mir stellt sich immer die Frage, ob die Vermieter alle Schäden am Wohnmobil wirklich reparieren lassen oder den Schadenspreis nur als zusätzliche Einnahmemöglichkeit betrachten).

Ein weiterer wichtiger Kostenfaktor ist neben Mietpreis und Tankpreis auch der **Übernachtungspreis**. Sie haben zwar Ihr eigenes Haus dabei, aber wenn Sie kein besonderer Freund von öffentlichen Parkplätzen sind (beim Walmart kann man - ohne allerdings Campingaktivitäten entfalten zu dürfen - kostenfrei auf dem Parkplatz übernachten, aber deshalb sind Sie bestimmt nicht mit dem Wohnmobil unterwegs, oder?!) und auch etwas von der Natur sehen wollen, müssen Sie zahlen. In der Regel kosten State und National Parks je nach Größe und Ausstattung zwischen 10 und 20 $, private Campgrounds zwischen 20 und 40 $ (da kann es aber auch schon mal mehr werden, wenn Sie z. B. in Los Angeles eine Site in der Nähe von Disneyland anpeilen oder wenn Sie sich ein "Resort" aussuchen, kann der Preis pro Nacht auf 60 $ und darüber steigen). In diesem Urlaub haben wir für 25 Übernachtungen 550 € bezahlt, allerdings einschließlich der 3 Hotelübernachtungen am Anfang und am Ende der Reise. Der Preis auf den privaten Campgrounds richtet sich auch nach der Ausstattung der einzelnen Campsite. Sie brauchen in der Regel kein "Full Hook-up". Dies sind Plätze, die mit einem Wasser- und Stromanschluss sowie einem eigenen Abwasseranschluss ausgestattet sind. Diese sind eigentlich nur für Dauercamper gedacht. Da Sie ja mit Ihrem Wagen doch wohl mehr unterwegs sind, reichen Anschlüsse für "water and electricity" völlig aus. Die Entsorgung des Abwassers können Sie beim Ausfahren an der Dumping Station vornehmen. Dort befinden sich in der Regel auch die Container für den Hausmüll. Wenn Ihr Wohnmobil vollständig ver- und entsorgt ist (d. h., die Wassertanks sind voll, die Abwassertanks leer), sind Sie bei entsprechendem Verbrauch einige Tage autark. Wir haben es zu zweit mit den Tanks eines 28 ft. RV im Arches National

Park 6 Tage ausgehalten und wir haben uns trotzdem jeden Tag gewaschen! Für das Trinkwasser empfehle ich sowieso, Wasser aus dem Supermarkt in großen Plastikgallonen zu kaufen.

Anbieter von Wohnmobilreisen in den USA sind u. a.:

www.canusa.de
www.trans-amerika-reisen.de
www.usareisen.de
www.camperboerse.de
www.adacreisen.de
www.fti-campermarkt.de

Auf alle Fälle sollten Sie einen **deutschen Anbieter** wählen. Sollten Probleme bei der Reise auftreten, haben Sie so einen deutschen Ansprechpartner. Sollte es gar zu einem Rechtsstreit kommen, ist in diesem Fall auch der Gerichtsstandort Deutschland. Ich nehme nicht an, dass Sie für eine Gerichtsverhandlung extra in die USA fliegen wollen.

Es ist übrigens egal, bei welchem deutschen Anbieter Sie buchen, in den allermeisten Fällen landen Sie in den USA bei den gleichen Vermietern, z. B. Cruise America, Road Bear, Moturis oder El Monte. Kleinere Anbieter sollte man nicht wählen (außer in Kanada). Meist verfügen diese Anbieter nicht über ein ausreichend großes Netz an Vermietstationen, so dass dies Ihre Planung (Wahl der Route) einschränken könnte. Sollten Sie außerdem bei einem Defekt das Wohnmobil tauschen müssen (ist zwar selten, kann aber vorkommen), ist der anstehende Wechsel dann häufig mit einem enormen Zeitaufwand verbunden und geht zu Lasten Ihrer Urlaubszeit.

Achten Sie bei einer von Ihnen selber durchgeführten Flugbuchung darauf, dass Sie aus versicherungstechnischen Gründen die erste Nacht nach dem Transatlantikflug in den USA verbringen müssen. Erst danach können Sie das Wohnmobil übernehmen. Wichtig bei der Übernahme sind auch die Öffnungszeiten des Vermieters, einige Stationen haben an Wochenenden nicht oder nur teilweise geöffnet. Genaue Öffnungszeiten findet man im Internet, geben Sie einfach den Vermieter und den Startort bei Google ein.

Eine weitere Einschränkung bei Überführungsfahrten sind die **Mietzeiten** und die **Mietorte**. Bei Überführungsfahrten ist der Startort meist die Fabrik, in der die Wohnmobile hergestellt werden, bei Road Bear also Middlebury in Indiana (ohne Indiana zu nahe treten zu wollen, aber zu unseren Reisezielen in den USA hätte es sicher ohne die Überführungsfahrt nicht gehört! Middlebury liegt nicht gerade in der Nähe von Chicago, auch wenn dies im Prospekt des deutschen Anbieters so erscheinen mag, sondern laut Google Maps 145 Meilen oder somit ca. 2,5 Stunden vom Flughafen O'Hare in Chicago entfernt).

Da die Wohnmobile verständlicherweise vor der Hauptreisezeit an den entsprechenden Zielorten des Vermieters sein sollen, liegen die festgelegten Zeiten für die Überführungsfahrten deutlich in der **Vorsaison** zwischen Mitte März und Anfang April. In unserem Fall hatten wir Glück mit dem Wetter, aber es kann auch sein, dass es im März in Middlebury noch sehr kalt ist und Sie das Wohnmobil nicht mit Wasser auffüllen dürfen, damit die Leitungen nicht einfrieren (Frostschäden gehen zu Lasten des Mieters!). Im Klartext heißt dies, sie müssen in einem Hotel übernachten - und zwar so lange, bis Sie in südlicheren und damit wärmeren Gefilden sind.

Der Vorteil einer Überführungsfahrt ist, dass mehr oder weniger "alles" inklusive ist. Wir haben bei Road Bear nur die Transferkosten vom Hotel zur Vermietstation in Middlebury mit 40 € pro Person bezahlt, vom Flughafen zum Hotel hat uns das Hotel-Shuttle gebracht.

Noch ein paar Worte zum Thema **Autofahren**:

Wenn Sie sich außerhalb der Großstädte bewegen, werden Sie schnell feststellen, dass das Fahren in den USA selbst mit einem großen Wohnmobil kein Problem ist. Die Tempobeschränkungen sind aber strikt einzuhalten, Verkehrskontrollen sind nicht witzig und finden auch in weit abgelegenen Gebieten statt (plötzlich kann da, wie aus dem Nichts, ein Highway Patrol Motorrad auftauchen) und die Schilder mit der Aufschrift "PATROLLED BY AIRCRAFT" sind ernst gemeint.

Besonders langsam sollte man im Bereich von **Schulen und Schulbussen** fahren, das Überholen von Schulbussen, wenn diese die Warnblinkanlage an haben, ist verboten, auch auf der Gegenfahrbahn! Was allerdings schnell in Fleisch und Blut übergeht, ist die Möglichkeit, bei Rot rechts abzubiegen, wenn dies nicht ausdrücklich untersagt ist (Warnschild: No Right Turn on Red). Allerdings muss man vorher anhalten und schauen, ob alles frei ist.

Auch ein wenig gewöhnungsbedürftig ist der sogenannte **4-Way-Stop**. Dabei stehen an allen auf die Kreuzung treffenden Straßen Stoppschilder. Wer zuerst kommt, darf zuerst fahren. Man muss sich also einigen (ich stelle mir das zur Erheiterung immer in Deutschland vor).

Was das Fahren aus meiner Sicht sehr erleichtert, ist die Tatsache, dass Ampeln nicht wie hier vor, sondern hinter der Kreuzung oder mit Seilen über der Kreuzung montiert sind. Man hat so immer eine gute Sicht auf die Ampelanlage.

Sollten Sie in einen **Unfall** verwickelt werden, was wir nicht hoffen, folgen Sie bitte genau den Anweisungen Ihres Vermieters.

Auch aus Erfahrung: Sollten Sie einen Unfall haben, der hoffentlich wie bei uns ohne Personenschaden abgeht, ist die Abwicklung einfach. Sowohl die Polizei als auch der Vermieter sind ausgesprochen hilfsbereit. Machen Sie am besten Fotos von dem Schaden. Wichtig sind vor allem die Angaben Ihres Unfallgegners (Foto von Nummernschild!), da dieser unter Umständen nicht (ausreichend) versichert ist (der Schaden ist aber auf jeden Fall durch ihre Versicherung gedeckt). Nur der Austausch des fahrbaren Untersatzes ließ bei uns nach einem Totalschaden ein wenig auf sich warten, aber am Abend im Hotel hat sich sogar der Vermieter noch einmal gemeldet, um sich nach unserem Wohlergehen zu erkundigen.

Packlisten

Vor der Reise:

Reisepass (gültig?) und Personalausweis
Flugticket
Mietwagen- oder Wohnmobil-Voucher
Erste Hotelübernachtung
Kreditkarte und Schecks
Reisekrankenversicherungen
Reiserücktrittskostenversicherung
ESTA (schriftlicher Ausdruck)
Schlüssel für Wohnung und Briefkasten
Zeitung abbestellen
Anrufbeantworter abstellen
Sicherheitskopien auf USB-Stick
Führerschein (national und international)
Impfpass
ADAC- oder ACE-Mietgliedsausweis

eigene Ergänzungen:

_____

_____

_____

_____

_____

_____

_____

In den Koffer:

Körperpflege:
      Seife, Duschgel, Shampoo
      Hautcreme
      Zahnpasta, Zahnbürste
      Deo, Kamm, Bürste
      Nageletui, Rasierer
      Sonnencreme (besser in den USA kaufen)

Kleidung:
      Hose, Shorts
      Pullover
      Hemden, T-Shirts, Jacken
      Socken
      Laufschuhe und Wanderschuhe (eingelaufen)
      Unterwäsche
      Regenbekleidung
      Schlafanzug
      Gürtel
      Handschuhe, Schal, Mütze (auch im Frühjahr
      oder Herbst)

Baden:
      Badeanzug
      Badeschuhe, Badeshirt
      Sonnenbrillen (!)

Sonstiges:
      Mariechen (vgl. Kapitel 1)
      Passbilder
      leichter Rucksack oder Wanderrucksack
      Kofferwaage
      Ersatzbrillen
      Taschenmesser in den Koffer (!)
      Ladegerät für Handy
      Autoadapter

Fotoapparat
Akkus für Fotoapparat mit Ladegerät
Laptop mit Ladegerät
mehrere Steckdosenadapter
Reiseapotheke
Tempotaschentücher
Insektenschutz (besser vor Ort kaufen)
Reisewecker
Mp3-Player
eBook (mit Wörterbuch und
Bedienungsanleitungen für alle Geräte)
Straßenkarten
Navi mit USA-Karte
Lageplan   Walmart
                  AAA
                  erstes Hotel
                  Vermietstation

Prüfliste für die Übernahme des Wohnmobils:

Dringender Rat: Nehmen Sie sich für die Überprüfung des Wohnmobils bei der Übernahme ausreichend Zeit und protokollieren Sie gefundene Schäden
(Fotos machen) oder lassen Sie sie beheben.
Sie können bei der Rückgabe nicht sagen, der Schaden war schon vorher da! Wird er dann festgestellt,
kommen Sie dafür auf!

Und denken Sie jetzt bitte nicht, Sie könnten sich die
Überprüfung bei einem neuen Wohnmobil ab Werk
bei einer Überführungsfahrt schenken! Betrachten Sie
sich eher als "Testfahrer".

Außenbesichtigung des Fahrzeugs

Kratzer und Beulen am Fahrzeug, an der Windschutz-
scheibe, an der Blinkanlage und an den Scheinwer-
fern?
Dach und Markisen auf Gängigkeit und Beschädigun-
gen überprüfen, vor allem auf die Dachklimaanlage
achten (funktionsfähig?)
Profil der Reifen ausreichend?
Alle Schlösser auf Gängigkeit prüfen
Sind alle Schlüssel vorhanden?
Lichtkontrolle vorne und hinten (!) durchführen
Rückfahrtkamera (falls vorhanden) überprüfen

Innenraum prüfen

Fensterlamellen funktionsfähig
Schubladen und Türen verschließbar?
Fußbodenbelag unbeschädigt?
Herd, Mikrowelle und Kühlschrank überprüfen
TV ausfahren und probeweise anschalten
Generator probeweise anschalten
Vollständigkeit der mitgelieferten Ausstattungs-Kits
überprüfen
Pumpen kontrollieren
Slide-outs probeweise ausfahren

Sonstiges

Anzeigen am Panel am Eingang überprüfen, z. B.
Lampentest und Tankanzeige
Abwasserschlauch und Frischwasserschlauch vor-
handen? Anschlüsse gängig und nicht verbogen?
Adapter für normale Steckdose vorhanden
2 Auffahrkeile vorhanden
Fahrzeugpapiere
Betriebsanweisung sollte in Deutsch vorliegen

Erste Einkaufsliste für das Wohnmobil

Nachfolgend finden Sie eine erste Einkaufsliste für die Ausstattung des RV. Betrachten Sie diese nur als einen nützlichen Hinweis, da ich nicht darüber informiert bin, ob Sie Kaffee- oder Teetrinker sind und mir auch gerade die Tatsache entfallen ist, ob Sie lieber Margarine oder Butter essen.
Nehmen Sie sich für den ersten Tag mit Ihrem RV nicht zuviel vor. Übernahme und erstes Einkaufen ist ein volles Programm (vgl. 2.4).

Lebensmittel

Brot
Kekse oder Donuts (können sehr süß sein)
Käse, Wurst
Margarine, Butter (cave: häufig gesalzen)
Milch (wir bevorzugen Vitamin-B-Milk, low fat milk hat keinen Geschmack)
Dosenmilch
Honig, Marmelade
Eier
Saft
Kakao, Kaffee, Tee
Nudeln, Reis
Fertiggerichte für zwischendurch
Tomatensauce
Gewürze, Pfeffer, Salz, Ketchup, Senf
Essig und Öl
Gemüse (frisch oder in Dosen)
Kartoffeln
Zwiebeln
Salat
Fleisch
Sausages

Bacon
Joghurt
Obst
Bier, Wein
Saft, Cola, Brause
Wasser (in großen Gallonen zum Zähneputzen und Kochen, in kleinen Flaschen zum Mitnehmen)

Sonstiges (falls nicht mitgeliefert)

Filtertüten
Alufolie und Frischhaltefolie (für Speisereste oder zum Einwickeln)
Klopapier (meist werden in der Ausstattung nur zwei Rollen mitgeliefert)
Küchenpapier
Falls nicht mitgeliefert: Spülmittel, Scheuermilch
Eiswürfelbereiter
Grill, Grillbesteck
Self-starting Charcoal
Bratpfanne
Toilettenbürste
Plastikschüssel zum Putzen
Schwamm zum Fensterreinigen
Handtücher (mir reichen die mitgelieferten zwei Handtücher nicht)
Waschlappen (im 10er-Pack sehr günstig und für die clevere Hausfrau als Putzlappenersatz zu nutzen)
Gartenstühle
Einmalhandschuhe

Literaturhinweise

Das Standardwerk überhaupt aus meiner Sicht, mittlerweile in der 17. Auflage, ist:

Hans-Rudolf Grundmann und Isabel Synnatschke
USA - Der ganze Westen: Das komplette Handbuch für Reisen zu Nationalparks, Cities und vielen Zielen abseits der Hauptrouten in allen Weststaaten.

Darin findet man nicht nur alle wichtigen Informationen über Routen durch den Südwesten, sondern es enthält eine Unmenge von Reisetipps allgemeiner Art zu einer Rundreise in den USA überhaupt.

Für viele einzelne Staaten gibt es die Moon Handbooks, eine Reihe in englischer Sprache, die ich sehr empfehlen kann. Es sind zwar keine (oder nur wenige) bunten Bilder enthalten, dafür stimmen aber die Informationen und der Zugriff auf einzelne Attraktionen oder Orte ist gut.

Ebenfalls empfehlenswert sind die Michelin Green Guides USA West, East oder California. Sie bieten neben Rundreisehinweisen auch Wertungen einzelner Sehenswürdigkeiten, die vielleicht nicht originell, aber zutreffend sind. Wer das erste Mal in die USA reist, bekommt so eine gute Übersicht über wirklich herausragende (highly recommended) Ziele - und wer etwas mehr Zeit hat, kann noch die mit zwei Sternen versehenen (recommended) Ziele ansteuern.
Auch die Reihe Baedeker Allianz Reiseführer in den unterschiedlichen Regionen der USA bieten wertvolle Informationen, Übersichten und Hintergrundgeschichten. Gleiches gilt für die Vis à vis Reiseführer aus dem Verlag Dorley Kindersley zum Thema USA. In diese muss man sich zwar etwas "hineinarbeiten", dann

bieten sie aber neben vielen Tipps und Hinweisen vor allem Grundrisse und 3-D-Zeichnungen (und hier findet man auch viele farbige Abbildungen).

Übrigens ist das schnelle Nachschlagen von Informationen in einem Reiseführer das wichtigste Argument für eine gedruckte Version desselben. Online-Reiseführer oder Internetforen können vor der Reise wichtige Informationen liefern, sind aber auf vor Ort genauso unpraktisch wie das Blättern in einem eBook.

Insgesamt ist aber die Reiseliteratur über die USA so vielfältig wie das Land selbst.

Internet-Tipps

Neben den im Text schon genannten Links finden sich im Internet eine Fülle von Informationen. Die von mir hier gesondert aufgeführten Hinweise habe ich mit meinen eigenen Erfahrungen abgeglichen und finde sie sinnvoll. Natürlich ist dies nur eine subjektive Einschätzung, denn niemand kann Ihnen eine gesunde Skepsis oder das Einschalten des Gehirns abnehmen. Ich halte es da mit der Weisheit unseres Navigationsgerätes: "Wenn möglich (!) - bitte wenden!"

Eine unumgängliche Seite für die Vorbereitung einer USA-Reise ist www.nps.gov. Diese Seite des National Park Service bietet eine Fülle von Lesestoff und wichtige und vor allem aktuelle Informationen zu allen Nationalparks.

Informationen über State Parks bietet die Seite www.stateparks.com, die Navigation auf dieser Site ist übersichtlich, Sie können Parks in einzelnen Staaten suchen und werden dann zu Informationen über die einzelnen Parks weitergeleitet.

Allgemeine Hinweise findet man unter www. usa-tipps.de. Neben Informationen zu Sehenswürdigkeiten bietet diese Seite u.a. Checklisten, Hinweise zu Mietwagen- und Flugpreisen und eine Fülle von weiteren Tipps.

Für Outdoor-Fans ist sicher die Seite www.gorp.com (Great Outdoor Recreation Pages) von Interesse.

Für die Wanderlustigen seien noch weitere Seiten erwähnt, über die man beim Surfen immer wieder stolpert und auf denen man die Zeit vergisst:
www.zehrer-online.de
www.synnatschke.de
www.westernladys-world.net

Speziell zu Fahrten mit dem Wohnmobil in die USA sei Ihnen noch die folgende Seite empfohlen:
www.womo-abenteuer.de

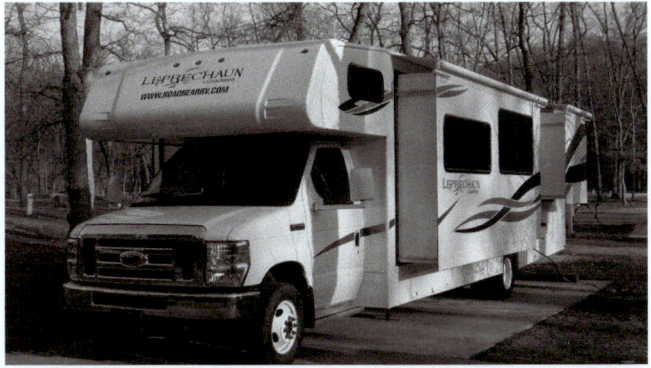

Im Indiana Dunes State Park mit ausgefahrenen Slide-outs

Lieber Leser,

die Zeit in unserem "Riesending" habe ich so geschildert, wie ich sie in Erinnerung habe.
Bei allen Tipps und Hinweisen war ich sehr sorgfältig, kann aber natürlich keine Gewähr für die Richtigkeit aller Angaben übernehmen. Das gilt auch für die Inhalte der genannten Internet-Adressen und Buchtitel, die als Hilfestellung gedacht sind.
Sollten Sie dennoch Fehler bemerken oder Anregungen haben, würde ich mich über Ihre Rückmeldung unter meiner Mailadresse:

petra.berneker@t-online.de

sehr freuen. Nun bleibt mir nur noch, Ihnen einen schönen Urlaub im Wohnmobil zu wünschen.

Ihre

Petra Berneker

Notizen